Anselm Grün

Das Hohelied der Liebe

Anselm Grün

Das Hohelied der Liebe

Vier-Türme-Verlag

Bibliographische Information der Deutschen Bibliothek

Die Deutsche Bibliothek verzeichnet diese Publikation in der Deutschen Nationalbibliographie. Detaillierte bibliographische Daten sind im Internet über http://dnb.ddb.de abrufbar.

1. Auflage 2008

Lektorat: Dr. Kristin Haas-Heichen, Thomas H. Böhm
Umschlaggestaltung: Elisabeth Petersen
Umschlagmotiv: Codex Manesse, fol. 249v, © Universitätsbibliothek Heidelberg
Gesamtherstellung: Friedrich Pustet KG, Regensburg
ISBN 978-3-89680-347-4

www.vier-tuerme-verlag.de

Inhalt

Einleitung

Jeder Mensch sehnt sich danach, zu lieben und geliebt zu werden. Diese Ursehnsucht des Menschen ist seit jeher in zahllosen Gedichten, Liedern, Romanen, Bildern und Plastiken ausgedrückt worden. Alle Kunst kreist letztlich um das Thema der Liebe: In der Musik wird sie hörbar, in den Bildern sichtbar. Doch zugleich bleibt die Liebe auch immer ein Geheimnis, das die Menschen nie ganz verstehen. Wir sind dankbar für das Geschenk der Liebe. Traurigkeit überfällt uns jedoch, wenn unsere Sehnsucht nach Liebe nicht erfüllt wird. Liebe vermag zu verzaubern, aber sie schlägt auch viele Wunden. Jeder weiß, was Liebe bedeutet. Dennoch tun wir uns zugleich schwer, wirklich zu lieben. Es braucht eine eigene Kunst, um Liebe zu lernen. Alle Kulturen haben uns Wege gewiesen, wie sie gelingen kann. Dabei ist die Weisheit der Völker immer auch in die Sprache eingegangen.

Wir haben im Deutschen nur das eine Wort Liebe, um ihr Geheimnis zum Ausdruck zu bringen: die Liebe zwischen Mann und Frau, die Liebe der Eltern zu ihren Kindern, die Liebe zwischen Freunden, die Nächstenliebe, die Liebe zu sich selbst, die Liebe Gottes zu uns und unsere Liebe zu Gott. All diese verschiedenen Formen von Liebe haben offensichtlich einen gemeinsamen Kern. Und der wird nach Ijob, gut, benannt. Dieser Kern steckt auch in den Worten glauben und loben. Glauben heißt: das Gute im anderen zu sehen; loben bedeutet: das Gute zu benennen und es auszusprechen; und lieben meint: gut zu behandeln, gut und wohlwollend mit dem anderen umzugehen, weil das Gute in ihm mich anzieht und ich gute Gefühle zu ihm habe.

Die Griechen differenzieren zwischen Eros, der begehrlichen Liebe, die vor allem die Liebe zwischen Mann und Frau meint, der Philia, der Freundesliebe, die sich am Sein des Freundes freut, und der Agape, der selbstlosen Liebe zum Nächsten, der Liebe zu Gott und der Liebe Gottes zum Menschen. Für die Griechen gibt es drei verschiedene Weisen der Liebe und doch gehören alle auch wieder zusammen. Auch die Agape braucht den Eros, um lebendig zu sein, und die Philia, die sich am Sein des anderen freut. Und umgekehrt gibt es keinen Eros, der nicht Anteil hat an der Freundesliebe und an der reinen Liebe, die uns von Gott zukommt.

Das Neue Testament beantwortet die Frage nach dem Geheimnis der Liebe im Blick auf Jesus Christus. In diesem Jesus von Nazareth haben die Autoren des Neuen Testaments erkannt, was Liebe bedeutet und wie diese unser Leben bestimmen möchte. Sie haben uns in ihren Schriften einen Weg gewiesen, wie wir die Liebe erfahren und wie wir die Kunst der Liebe lernen können. Sie kreisen dabei vor allem um das Geheimnis der Agape. Agape, die reine Liebe, die göttliche Liebe, ist nicht in erster Linie eine Forderung an den Menschen, sondern sie ist Gabe Gottes, ja sie ist Gottes eigentliches Wesen. So gipfelt die neutestamentliche Lehre über die Liebe in dem Wort aus dem Ersten Johannesbrief: „Gott ist die Liebe, und wer in der Liebe bleibt, bleibt in Gott, und Gott bleibt in ihm." (1 Joh 4,16) Dabei dürfen wir diesen Satz nicht umkehren. Wir können nicht einfach sagen: Die Liebe ist Gott. Vielmehr will Johannes sagen, dass das innerste Wesen Gottes Liebe ist.

Aber jeder, der liebt und Liebe erfährt, erfährt darin etwas vom Geheimnis Gottes.

Gott ist von seinem Wesen her Liebe. Er liebt die Menschen. Aus Liebe hat er die Welt geschaffen, um sie mit seinen Geschöpfen zu teilen. Aus Liebe hat er seinen Sohn zu den Menschen gesandt. Für das Johannesevangelium ist die Liebe der Grund der Menschwerdung: „Gott hat die Welt so sehr geliebt, dass er seinen einzigen Sohn hingab, damit jeder, der an ihn glaubt, nicht zugrunde geht, sondern das ewige Leben hat." (Joh 3,16) Gott wollte in Liebe all jene aufsuchen, die sich selbst verloren hatten, damit sie wieder wirkliches, ewiges Leben finden. Seine Liebe hat sich in der Liebe des Sohnes ausgedrückt. Und die Liebe des Sohnes erlebte im Tod den Ausdruck der höchsten Vollkommenheit: „Da er die Seinen, die in der Welt waren, liebte, erwies er ihnen seine Liebe bis zur Vollendung." (Joh 13,1) Wir Menschen dürfen teilhaben an der Liebe Gottes, die durch den Heiligen Geist in unsere Herzen ausgegossen ist. (Vgl. Röm 5,5) Aus dem Herzen Jesu strömte sein Geist, um unser Herz mit der Liebe zu erfüllen, die Christus geprägt und die er uns vorgelebt hat bis zum Ende.

Die Agape, die Liebe, die uns im Tod Jesu zufließt und unser Herz erfüllt, will sich in unserem Leben ausdrücken. Sie will sichtbar werden in unserer Liebe zu Gott und zum Nächsten. Aber sie ist mehr als ein Handeln. Sie ist ein Sein. Sie ist das neue Sein in Christus. Sie ist der tiefste Sinn und die Vollendung allen Seins. Die griechischen Kirchenväter haben versucht, die Aussagen der Bibel mit den Erkenntnissen der griechischen Philosophie über die Liebe zu verbinden. Die griechische Philosophie dachte weniger in moralischen Kategorien als vielmehr metaphysisch. Ihr ging es um das Sein, um den Grund allen Seins. Und dieser Grund allen Seins ist für Platon die Liebe. Er spricht dabei vom Eros, der für ihn weniger die begehrliche Liebe ist, sondern eine mächtige Kraft, die alles miteinander verbindet und vereint. Sie ist der Drang nach Vereinigung.

Die Kirchenväter haben in ihrer Deutung der neutestamentlichen Aussagen über die Agape immer auch die platonische Lehre vom Eros im Hintergrund. Sie möchten den Gegensatz zwischen Eros und Agape überbrücken. Sie sprechen nicht nur von der Agape (lateinisch: caritas oder dilectio) Gottes, sondern vom Eros (amor), der Gottes Liebe zu uns Menschen prägt. Origenes kann die Definition des Johannes, „Gott ist Agape“, umformen in „Gott ist Eros“. Gott liebt die Menschen leidenschaftlich. Und auch unsere Liebe zu Gott soll von der Glut des Eros, des amor, geprägt sein.

Für mich ist das nicht einfach nur Theologiegeschichte. Vielmehr sehe ich darin den Versuch, die von Gott geschenkte Liebe, die durch den Heiligen Geist in uns wirkt, mit der natürlichen Liebe und mit der Kraft des Eros zu verbinden. Ohne Eros wird unsere Liebe zu Gott oft farblos und unser Sprechen von der Liebe Gottes zu uns kraftlos. Unsere Nächstenliebe wird ohne Eros langweilig. Wir werden dem Geheimnis der Liebe nur gerecht, wenn wir unsere menschlichen Erfahrungen von der verzaubernden, aber auch uns übermächtigenden Liebe verbinden mit den Aussagen der Bibel über das Geheimnis der Agape, die Gottes Wesen ausmacht und an der wir in Jesus Christus teilhaben.

Die ganze Theologiegeschichte durchzieht der Versuch, die beiden Pole von Eros und Agape miteinander zu verbinden. Für mich bedeutet das, dass ich über die Liebe nicht nur aus der Sicht der Psychologie spreche, sondern immer auch die spirituelle Dimension im Auge behalte. Die Liebe (amor) ist nach dem mittelalterlichen Theologen Johannes Scotus Eriugena die natürliche Kraft, die alle Dinge bewegt. Und Gott ist letztlich die Ursache aller Liebe. Die Liebe bewegt die Menschen zueinander. Sie ist der tiefste Beweggrund der Geschichte. Aber im Grund dieser Liebe begegnen wir letztlich Gott als Liebe.

Über die Liebe ist schon so viel nachgedacht und geschrieben worden, dass es schwer ist, alles menschliche Wissen über die Liebe angemessen ins Wort zu bringen oder gar etwas Neues über die Liebe zu sagen. Ich möchte mich in diesem kleinen Buch daher auf die Auslegung des Hoheliedes der Liebe beschränken, das Paulus im Ersten Korintherbrief (1 Kor 13) angestimmt hat. Es ist ein zentraler Text des Neuen Testaments. Viele Hochzeitspaare wünschen sich diesen Text als Lesung bei der Trauung. Sie erbauen sich an den wunderbaren Aussagen über die Liebe und haben das Gefühl, dass Paulus damit ihre Liebe zueinander beschreibt. Sicher bringen die Worte des Paulus auch das Geheimnis der ehelichen Liebe zum Ausdruck. Aber im Text selbst ist weder von der Liebe zwischen Mann und Frau noch von der Nächstenliebe noch von der Selbstliebe noch von der Gottesliebe die Rede. Die Liebe ist einfach eine Macht, eine Kraft, die im Menschen ist. Ich kann das philosophisch erklären. Oder ich kann es – wie Paulus es tut – als Gabe des Heiligen Geistes verstehen. Gott hat uns durch Jesus Christus seinen Geist geschenkt. Und dieser Geist ist ein Geist der Liebe. In uns sprudelt eine Quelle der Liebe. Diese Liebe als Gabe Gottes kann und will sich dann konkret ausdrücken in der Liebe zwischen Mann und Frau, in der Liebe der Freunde zueinander und in allen Formen der Liebe, die wir sonst kennen. Für Paulus ist die Liebe ein Charisma, das heißt: eine Gabe, die Gott uns aus Gnade schenkt. Sie ist eine Befähigung zu einer neuen Weise des Lebens. Und für Paulus ist sie die höchste Gnadengabe, die Gott uns in Jesus Christus anbietet.

Wenn ich als Ministrant bei Hochzeiten Predigten über diesen Text gehört habe, dachte ich oft: „Zu schön, um wahr zu sein." Oder aber ich hatte den Eindruck, der Pfarrer stellt hier Forderungen auf, die das Brautpaar nie erfüllen kann. Da wurde das Hohelied der Liebe vor allem moralisierend ausgelegt: „Du darfst nicht an dich denken. Du musst immer nachgeben. Du musst alles mit Liebe zudecken." Das war oft romantisch und weltfremd.

Ich möchte den Text so auslegen, wie er dasteht, mit seinem philosophischen und psychologischen Hintergrund. Und ich möchte ihn immer wieder hineinübersetzen in die Erfahrungen von Lieben und Geliebtwerden, die wir in unserem Leben alle machen. Dann sind die Worte des Paulus nicht nur für die Liebenden eine Frohe Botschaft, sondern auch für die, die sich nach Liebe sehnen, sie aber nicht so erleben, wie sie es sich erhoffen. Auch in diesen von der Liebe enttäuschten Menschen will dieser Text etwas ansprechen: etwas, das sie in ihrem Herzen spüren und das sie in sich haben. Denn jeder Mensch hat in sich eine Quelle der Liebe, auch wenn sie momentan verschüttet oder vielleicht schal geworden ist. Der Brief an die Korinther hält für alle Menschen eine Frohe Botschaft bereit, weil er ihnen zeigt, dass niemand ohne Liebe ist und dass die Liebe das Leben jedes Menschen zu verwandeln vermag.

Zugleich möchte ich diesen Text über die Liebe in einen größeren Horizont hineinstellen. Paulus hat diese Worte nicht einfach nur aus sich heraus geschrieben. Er hat das Lied der Liebe in einem konkreten geschichtlichen Kontext verfasst. Das war auf der einen Seite sein jüdischer Hintergrund. Paulus war in jüdischer Theologie ausgebildet. So hat er das Loblied auf die Liebe sicherlich in Kenntnis des großen alttestamentlichen Liedes aller Lieder (Canticum canticorum) gesungen. Und Paulus schrieb diesen Text in einer ganz bestimmten Situation der korinthischen Gemeinde, die voller Enthusiasmus war, weil viele Geistesgaben in ihr aufbrachen, die aber vor lauter Begeisterung zu zerbrechen drohte. Die Korinther liebten vor allem die außergewöhnlichen Gaben der Prophetie, in der sie geheime Dinge aussprachen, oder die Zungenrede, in der sie in einer ekstatischen Sprache redeten. In diesen Phänomenen sahen sie den Geist Gottes am Werk.

Paulus verweist seine Gemeinde auf einen anderen Weg, auf den Weg der Liebe. Dieser Weg ist auf der einen Seite nüchterner. Denn die Liebe drückt sich in ganz konkreten Verhaltensweisen im Alltag aus. Auf der anderen Seite ist die Liebe auch faszinierend. Denn sie spricht die tiefste Sehnsucht des Menschen nach Verwandlung, nach Erfüllung, nach Verzauberung aus. Für Paulus deuten nicht die außergewöhnlichen Gaben wie Prophetie oder Zungenrede auf das Geheimnis des Heiligen Geistes, der den Gläubigen durch Jesus Christus gegeben wurde, sondern für ihn zählt vor allem die Liebe, die die größte Gabe Gottes ist. Sie macht die Essenz des Christlichen aus. Die Liebe ist das eigentliche Charisma, das das Leben der Christen prägen sollte. Paulus schreibt nicht moralisierend über die Liebe.

Er ist vielmehr fasziniert von der Gabe, die Gott uns durch den Heiligen Geist geschenkt hat.

Doch Paulus schreibt diesen Text auch im bewussten oder unbewussten Gespräch mit der damaligen Philosophie. Paulus war nicht nur in der jüdischen Theologie gebildet, sondern auch in der griechischen Philosophie. Seine Briefe lassen darauf schließen, dass er vor allem die stoische Philosophie gut kannte. Und er wollte, dass die Christen die ethischen Forderungen der stoischen Philosophie durch ihren Lebenswandel übertrafen. So schreibt er an die Philipper, eine griechische Gemeinde: „Was immer wahrhaft, edel, recht, was lauter, liebenswert, ansprechend ist, was Tugend heißt und lobenswert ist, darauf seid bedacht!“ (Phil 4,8) Das ist eine Zusammenfassung dessen, was die stoische Philosophie von ihren Anhängern erwartet.

Doch in seinem Lied auf die Liebe bezieht sich Paulus weniger auf die ethische Dimension der Liebe. Er beschreibt die Liebe vielmehr – ähnlich wie griechische Philosophen – als eine eigene Macht, als eine Quelle, aus der der Mensch schöpft, als eine Kraft, die den Menschen antreibt. So erinnert sein Text über die Liebe an philosophische Texte der damaligen Zeit über das Geheimnis der Liebe. So besingt Platon, der wohl größte griechische Philosoph, die Liebe als eine Macht, die im Menschen vieles vermag, mit den Worten:

> „So, mein Phaidros, erscheint mir der Eros: Vor allem er selbst der Schönste und Beste, um dann allen anderen eben diese Gabe zu spenden. Es kommt mich an, auch in Versen von ihm zu sprechen; er ist es, der da schafft Frieden unter den Menschen und reglose Glätte dem Meere, zaube-

risch Schweigen in Stürmen und leidlos ruhigen Schlummer. Er befreit uns von der Fremdheit; macht uns reich an Vertrautheit."

Noch näher kommt dem Hohelied des Paulus ein Text von Maximus von Tyrus:

„Die Liebe hasst nichts so sehr wie Zwang und Furcht. Und sie ist stolz und vollkommen frei und freier sogar als Sparta. Denn von allem unter den Menschen ist es allein die Liebe, wenn sie rein bei jemandem wohnt, die keinen Reichtum bestaunt, keinen Tyrannen fürchtet, vor keinem Thron erschrickt, kein Gericht scheut, nicht flieht vor dem Tod. Keine Bestie schreckt sie, kein Feuer, kein Abgrund, kein Meer, kein Schwert, kein Strick. Sondern sogar das Unpassierbare ist ihr passierbar und das Mächtige bezwingbar und das Schreckliche annehmbar und das Schwere tragbar ... Überall wagt sie, alles überblickt sie, alles beherrscht sie."

In beiden Texten wird die Liebe als Gabe Gottes verstanden, die das Leben des Menschen prägt und ihm einen neuen Geschmack gibt. Wer von der Liebe erfüllt ist, dem können die Turbulenzen des Lebens nichts anhaben. Er verliert das Gefühl der inneren Entfremdung. Er kommt mit sich selbst in Berührung. Er spürt seine eigene Mitte.

Platon spricht in Bildern von der Liebe. Die Liebe schenkt Frieden zwischen den Menschen und sie bringt uns mitten in Zeiten von Unruhe und Widrigkeiten mit dem inneren Raum der Stille in Berührung. Die Liebe eröffnet in unserem Herzen einen Raum, in dem wir Ruhe finden. Und sie bringt uns in Berührung mit unserem wahren Wesen. Sie macht uns vertraut mit uns selbst, mit dem inneren und ursprünglichen Bild, das Gott sich von uns gemacht hat.

Bei Maximus von Tyrus erscheint die Liebe als Kraft und Macht, der nichts in der Welt widerstehen kann. Obwohl die Liebe keine Waffen hat, fürchten sich Tyrannen vor ihr. Dieses Thema taucht bei griechischen Schriftstellern immer wieder auf. So heißt es in den anakreontischen Liedern: „Weder Kavallerie noch Infanterie noch die Marine hat mich vernichtet, nein, es war eine andere, neue Streitmacht, die mich niedergestreckt allein mit den Augen." Die Liebe findet einen Weg zum anderen Menschen, der sonst verschlossen wäre. Maximus beendet seinen Text mit einem dreifachen „alles bzw. überall", ähnlich wie Paulus sein Loblied auf die Liebe mit einem viermaligen „alles trägt sie…" schließt.

So werde ich bei der Auslegung des Hoheliedes immer wieder auch den philosophischen und psychologischen Hintergrund anschauen und die Worte hineinübersetzen in unsere Erfahrungen mit der Liebe: in unsere beglückenden und verletzenden, in unsere verzaubernden und ernüchternden Erfahrungen der Liebe, die wir immer wieder machen.

Das Hohelied der Liebe im Ersten Korintherbrief

Wenn ich in den Sprachen der Menschen und Engel redete, / hätte aber die Liebe nicht, / wäre ich dröhnendes Erz oder eine lärmende Pauke.
Und wenn ich prophetisch reden könnte / und alle Geheimnisse wüsste / und alle Erkenntnis hätte; / wenn ich alle Glaubenskraft besäße / und Berge damit versetzen könnte, / hätte aber die Liebe nicht, / wäre ich nichts.
Und wenn ich meine ganze Habe verschenkte / und wenn ich meinen Leib dem Feuer übergäbe, / hätte aber die Liebe nicht, / nützte es mir nichts.
Die Liebe ist langmütig, / die Liebe ist gütig. / Sie ereifert sich nicht, / sie prahlt nicht, / sie bläht sich nicht auf.
Sie handelt nicht ungehörig, / sucht nicht ihren Vorteil, / lässt sich nicht zum Zorn reizen, / trägt das Böse nicht nach.
Sie freut sich nicht über das Unrecht, / sondern freut sich an der Wahrheit.
Sie erträgt alles, / glaubt alles, / hofft alles, / hält allem stand.
Die Liebe hört niemals auf. / Prophetisches Reden hat ein Ende, / Zungenrede verstummt, / Erkenntnis vergeht.
Denn Stückwerk ist unser Erkennen, / Stückwerk unser prophetisches Reden;
wenn aber das Vollendete kommt, / vergeht alles Stückwerk.

Als ich ein Kind war, / redete ich wie ein Kind, / dachte wie ein Kind / und urteilte wie ein Kind. / Als ich ein Mann wurde, / legte ich ab, was Kind an mir war.
Jetzt schauen wir in einen Spiegel / und sehen nur rätselhafte Umrisse, / dann aber schauen wir von Angesicht zu Angesicht. / Jetzt erkenne ich unvollkommen, / dann aber werde ich durch und durch erkennen, / so wie ich auch durch und durch erkannt worden bin.
Für jetzt bleiben Glaube, Hoffnung, Liebe, diese drei; / doch am größten unter ihnen ist die Liebe.
(1 Kor 13,1–13)

Grundsätzliche Überlegungen

Paulus schreibt hier weder über die Liebe zu Gott noch zum Menschen noch über die Liebe zwischen Mann und Frau, sondern über die Liebe als Macht, als Fähigkeit, als Kraft, die das Leben verändert und ihm einen Geschmack von Weite und Freiheit und Zärtlichkeit schenkt. Im vorangegangenen 12. Kapitel hatte Paulus die verschiedenen Gnadengaben des Heiligen Geistes beschrieben. Gott hat durch den Heiligen Geist der Gemeinde in Korinth Charismen verliehen: das Charisma der Weisheit, der Glaubenskraft, der Krankenheilung, des prophetischen Redens, der Unterscheidung der Geister, der Zungenrede. Im 13. Kapitel will Paulus die Korinther nun aufrufen, nicht auf die spektakulären Gaben des Geistes zu setzen, sondern nach den höheren Gnadengaben zu streben. Die höchste Gnadengabe, die der Geist gibt, ist die Liebe. So zeigt Paulus einen Weg, wie christliches Leben gelingt. Und er beschreibt, welche Möglichkeiten Gott uns durch die

Liebe ins Herz gesenkt hat. Gott selbst ermöglicht uns die Liebe. Doch unsere Aufgabe ist es, nach dieser Liebe, die uns als Gabe geschenkt wird, auch zu streben, sie auch in unserem konkreten Leben zu verwirklichen.

Paulus schreibt in diesem kunstvoll aufgebauten Kapitel nicht vom Tun des Liebenden, also weder von der Bruderliebe noch von der Gottesliebe. Vielmehr ist die Liebe hier gleichsam personifiziert. Sie ist nicht nur eine Gabe Gottes, sondern hat teil an Gott selbst und in ihr bekommen wir Anteil an Gott. Der Exeget Hans-Josef Klauck schreibt dazu: Die Liebe „ist zugleich und wesentlich, so können wir vorausgreifend sagen, eine Eigenschaft Gottes, ein Stück seiner Selbstauslegung, und als solche strahlt sie auf den Menschen aus und ermöglicht ihm, seine Existenz im Raum der Liebe zu finden" (Klauck 94).

Im Johannesevangelium wird das ähnlich gesehen. Da ist die Liebe ein Raum, in dem wir wohnen, in dem wir bleiben: „Bleibt in meiner Liebe!" (Joh 15,9) Indem wir in der Liebe bleiben, verwandelt sich unser Leben. Wir haben teil an Gott, wir werden vergöttlicht. Wir sind in der Liebe mit Christi Liebe verbunden, die gleichsam aus dem Weinstock in uns einströmt und uns mit ihm verbindet. (Vgl. Joh 15,1–8)

Paulus schreibt über die Macht der Liebe aber auch auf dem Hintergrund der griechischen Philosophie. Sowohl Platon als auch Aristoteles haben über das Geheimnis der Liebe geschrieben. Für Platon ist die Liebe eine göttliche Kraft, die das ganze Sein der Welt durchdringt und die dazu führt, dass die Welt nicht auseinanderfällt, sondern das Getrennte sich immer wieder miteinander verbindet.

Diese Lehre Platons hat in unserer Zeit vor allem Gabriel Marcel wieder aufgegriffen. Für den französischen Philosophen ist Liebe mit dem Sein identisch. Die Liebe ist der Urgrund von allem, auch des menschlichen Seins. Sie ist in allem präsent. Das bedeutet nicht nur, „dass jeder alles aus der Liebe empfängt, sondern auch, dass jeder alles, was er ist und hat, erst und allein liebend ganz innehat, während ohne Liebe ihm alles entgleitet und er zuletzt vor dem Nichts steht“ (Lotz 24). Die Liebe ist bei Gabriel Marcel der Grund unserer menschlichen Existenz. Ohne Liebe finden wir nicht zu unserem wahren Selbst. Wir gewinnen das, was Gott uns geschenkt hat, erst in der Liebe. Ob es die Liebe in der Ehe oder in der Freundschaft ist, oder die Liebe Gottes zu uns oder unsere Liebe zu Gott, in allem erfahren wir etwas von der Liebe als Sein, die alles vollendet und ganz macht.

Gabriel Marcel kennt die Unterscheidung zwischen Sein und Haben, die dann später Erich Fromm für seine Kunst des Liebens wieder aufgreifen wird. Wer die Existenzweise des Seins verwirklicht, der hat teil an der Liebe. Denn Sein und Liebe sind miteinander eins. Ich kann Liebe nicht einfach haben wie einen Besitz. Vielmehr geht es darum, Liebe zu sein und durch die Liebe ein neues Sein zu erfahren. Wer sich in der Liebe für den anderen öffnet, der hat teil am absoluten Sein als Liebe. Er erfährt sich „in der Gegenwart des Lichtes, in der Fülle des Seins“ (Scherer 130). Menschen, die einander lieben, berühren in ihrer Gegenseitigkeit das Ewige. Und die Liebe ist auch die Kraft, die den Tod überwindet, die stärker ist als der Tod. Gabriel Marcel meint, Liebe bedeute, zum Geliebten zu sagen: „Du, du wirst nicht sterben.“ Wir werden auch im Tod nicht aus der Liebe fallen.

Im Gegenteil, im Tod werden wir die Liebe in ihrer reinen Form, in ihrem reinen Sein erfahren.

Die Philosophie hat sich seit Platon immer wieder mit dem Phänomen der Liebe beschäftigt. Die ganze Philosophie und Theologie des Mittelalters waren von dem Streit gezeichnet, ob die Liebe als natürliche Grundkraft zu verstehen sei, die bei aller Liebe zum Nächsten und zu Gott doch immer auch die eigene Beglückung sucht, oder als rein selbstlose Liebe, die alles ichhafte Begehren ausschaltet. Und es ging um die Diskussion, ob das Erkennen oder die Liebe den Vorrang hat, ob das letzte Ziel des Menschen das Erkennen Gottes oder das Einswerden mit Gott in der Liebe ist.

Diese Diskussion scheint uns fremd zu sein. Und doch trifft sie etwas Wesentliches. Immer wenn wir die Liebe zu idealistisch sehen, als rein selbstlose Liebe, können wir sie zwar wunderbar beschreiben. Aber sie wird uns überfordern. Und sie wird allzu weit weg von unserer menschlichen Erfahrung der Liebe sein. Es braucht eine gesunde Spannung zwischen der begehrenden Liebe, die auch das eigene Glück sucht, und der selbstlosen Liebe, die sich in der Erfahrung der Liebe selbst vergisst und so eins wird mit dem Geliebten. Damit die Liebe uns nicht überfordert, sondern unsere letzte Sehnsucht erfüllt und unser Menschsein wahrhaft bereichert, müssen wir – jeder für sich – ein gutes Miteinander von Eros und Agape und Philia finden, von natürlicher und übernatürlicher Liebe, von das Glück suchender und selbstloser Liebe.

Ich möchte die Liebe, die Paulus in seinem Hohelied preist, als eigene Macht beschreiben, als eine Qualität, die unser Leben verwandelt. Die Liebe ist für Paulus eine Gabe Gottes. Sie ist letztlich der Heilige Geist, den Gott uns schenkt. Der Heilige Geist ist Liebe. So sagt Paulus im Römerbrief: „Die Liebe Gottes ist ausgegossen in unsere Herzen durch den Heiligen Geist, der uns gegeben ist." (Röm 5,5) Die Liebe ist also etwas Göttliches, etwas, das von Gott stammt und das selber Gott ist. In der Liebe haben wir immer schon teil an Gott. Aber diese göttliche Liebe drückt sich in unserer menschlichen Liebe aus, in der Liebe zwischen Mann und Frau, in der Liebe zum Nächsten, in der Selbstliebe und in der Liebe zu Gott. All diese Formen der Liebe geben uns Anteil an der Macht der Liebe, die Paulus beschreibt, an der Liebe, die unserem Leben eine neue Qualität von Lebendigkeit und Glück beschert und die unsere Wunden heilt.

In meiner Auslegung wird zunächst die beglückende Macht der Liebe beschrieben, die unserem Leben eine neue Qualität verleiht, die Liebe in der Freundschaft und in der Partnerschaft, die Liebe zu den Menschen, mit denen wir arbeiten und zusammenleben. Aber ich möchte immer auch die heilende Kraft der Liebe im Blick haben, mit der Ärzte und Therapeuten, Seelsorgerinnen und Sozialarbeiterinnen sich den Menschen zuwenden, die an einem Liebesmangel leiden und daher krank geworden sind. Für mich ist der Text auch eine Beschreibung einer Therapie und einer Seelsorge, die durch die Liebe die Vater- und Mutterwunden der Menschen zu heilen vermag. Aber was für die Therapie oder geistliche Begleitung gilt, das gilt auch für unsere ganz normalen zwischenmenschlichen Beziehungen. Dort, wo wir den anderen lieben, können seine Wunden heilen. Ein Mensch kann für den anderen zur Arznei werden, wenn er sich von der Liebe leiten lässt.

Die eigentliche Botschaft des Textes lautet für mich: „Auch wenn du dich momentan nicht geliebt fühlst und keinen Menschen hast, mit dem du in Liebe verbunden bist, so traue der Liebe, die in dir ist. Du hast eine Ahnung von Liebe in dir. Du sehnst dich nach Liebe. In deiner Sehnsucht nach Liebe ist schon Liebe. Wenn du an der Liebe leidest, weißt du dennoch, was Liebe ist. Traue also der Liebe, die in dir ist, ganz gleich, ob du momentan verliebt bist und von einem Menschen geliebt wirst oder nicht. In dir ist die Gabe der Liebe. Gott selbst hat die Liebe in dein Herz gesenkt. Traue dieser Liebe. Lass sie in dir zu. Spüre sie. Genieße sie. Sie macht dein Leben reicher. Und sie verleiht dir viele Möglichkeiten, auf gute Weise zu leben. Versuche, diese Möglichkeiten der Liebe auch zu leben. Dann wird dein Leben wahrhaft gelingen. Dann wirst du die Gaben der Liebe dankbar erfahren dürfen. Wenn du die Worte aus dem Ersten Korintherbrief hörst, dann lass sie in dein Herz fallen. Und du wirst spüren, dass sie deine tiefste Sehnsucht nach Liebe ansprechen. Sage nicht, die Worte sind zu hoch für dich. Frage dich auch nicht sofort, ob du sie erfüllen kannst. Komme durch die Worte in Berührung mit der Liebe, die auf dem Grund deines Herzens schlummert und die durch diese Worte geweckt werden möchte, damit sie dein ganzes Sein durchdringt."

„Hätte aber die Liebe nicht ..."

Wenn ich in den Sprachen der Menschen und Engel redete, / hätte aber die Liebe nicht, / wäre ich dröhnendes Erz oder eine lärmende Pauke.

Und wenn ich prophetisch reden könnte / und alle Geheimnisse wüsste / und alle Erkenntnis hätte; / wenn ich alle Glaubenskraft besäße / und Berge damit versetzen könnte, / hätte aber die Liebe nicht, / wäre ich nichts.
Und wenn ich meine ganze Habe verschenkte / und wenn ich meinen Leib dem Feuer übergäbe, / hätte aber die Liebe nicht, / nützte es mir nichts.

Zunächst zeigt Paulus in diesen ersten drei Versen die überragende Bedeutung der Liebe für unser Leben. Durch die Aneinanderreihung von mehreren Konditionalsätzen baut er einen regelrechten Spannungsbogen auf und verleiht so seiner Aussage besonderen Nachdruck. Selbst wenn der Mensch alle Gaben und Talente dieser Erde besäße, so nützten sie ihm nicht viel, denn: Ohne Liebe ist alles wertlos.

Paulus beginnt bei der Sprache der Menschen und der Engel, die in Korinth als Zungenrede geübt wurde. Die Korinther waren stolz auf die Gabe des Sprachengebetes, in dem sie nicht in ihrer Muttersprache etwas sagten, sondern sich dem Wirken des Geistes überließen und gleichsam in einer ekstatischen Sprache Worte sagten, die sie selbst nicht verstanden. Das war für sie die Sprache der Engel, die jede menschliche Sprache übersteigt. Doch mit solchen besonderen Phänomenen des Sprechens kann ich mich selbst interessant machen. Dann ist nicht die Liebe die Grundlage dieses Sprechens, sondern das eigene Ego, das sich damit aufbläht. Das gilt nicht nur für die Zungenrede, sondern für jedes Sprechen, bei dem ich mit Worten spiele und Eindruck mache. Worte können Ausdruck von Liebe sein. Sie können aber auch mein Geltungsbedürfnis ausdrücken. Nur ein Sprechen, das aus dem Herzen kommt, das von Liebe erfüllt ist, wirkt auf die Menschen heilend. Alles andere ist nur Eindruckmachen, leerer Lärm.

Paulus vergleicht dieses Sprechen mit einem dröhnenden Erz oder einer lärmenden Pauke. Das „kymbalon", wie „Pauke" im griechischen Originaltext heißt, ist genauer das Handbecken, das im Kult der Kybele verwendet worden ist. Das Lärmen mit solchen Instrumenten war Kennzeichen der Mysterienkulte. Doch für Paulus ist so ein Kult wertlos, wenn die Liebe fehlt.

Wenn wir diese Worte in unsere Situation hineinübersetzen, so bedeuten sie: Wir können noch so glänzende Reden führen, noch sosehr unsere Mitarbeiter motivieren oder die Menschen mit Worten zu überzeugen suchen; wenn die Liebe fehlt, sind alle rhetorischen Erfolge wertlos. Man merkt es einem Menschen an, ob seine Worte aus dem Herzen kommen, ob sie von Liebe erfüllt sind oder ob einer sich in seinen Worten gefällt. Es gibt Menschen, die mit Worten spielen. Aber man spürt die Eitelkeit, mit der sie reden. Die Liebe ist für Paulus die Grundlage unseres Sprechens. Sie ist die Quelle, aus der die Worte strömen. Wenn unsere Sprache nicht den Keim der Liebe in sich trägt, dann können wir zwar damit glänzen, wir können andere überreden, aber unsere Worte werden nicht wirklich zum Segen werden für andere.

Auf den zwischenmenschlichen Bereich bezogen würde es heißen: Achte darauf, ob das, was du zu deiner Frau, zu deinem Mann, zu deinem Freund sagst, von Liebe durchdrungen ist, oder ob deine Worte nur dem Ärger entspringen oder deiner Zerstreutheit oder aber der Leere. Wir reden täglich und machen unendlich viele Worte. Aber oft bleiben diese Worte oberflächlich. Wir sagen einfach etwas, damit die Stille uns nicht belastet. Oder wir sprechen zum anderen, weil wir etwas von ihm wollen oder ihn informieren möchten. Es gibt viele Weisen des Sprechens. Entscheidend ist, dass alle Formen, ob es nun das informierende, das motivierende, das mitteilende oder das erzählende Sprechen ist, von der Liebe durchdrungen sind. Vielleicht ist Liebe oft ein zu großes Wort. Aber zumindest sollen meine Worte aus meinem Herzen strömen und nicht nur vom Kopf her formuliert sein. Wenn sie aus meinem Inneren kommen, dann haben sie auch Wärme in sich und dann können sie auch das Herz des anderen erwärmen.

Man könnte diese Worte auch auf das Wirken des Arztes oder der Seelsorgerin beziehen. Ohne Liebe ist alle therapeutische oder seelsorgliche Arbeit nichts. So könnte man diesen ersten Satz übersetzen mit: „Wenn ich dem Klienten seine Krankheit genau erklären und ihm einen Weg der Heilung aufzeigen könnte, hätte aber die Liebe nicht, wäre ich dröhnendes Erz oder eine lärmende Pauke." Die lärmende Pauke und der eherne Gong erinnern an die lärmende Geräuschkulisse in heidnischen Kulten. Auf die Therapie bezogen könnte man sagen: Ohne die Kultur der Liebe würde die Therapie zu einem leeren Kult, der nur zu lärmen, aber nicht zu heilen vermag. Wir würden mit unseren psychologischen Theorien Eindruck machen auf den Klienten, ihn aber nicht in seinem Herzen berühren.

Im zweiten Satz bezieht sich Paulus auf vier Gaben, die in Korinth sehr geschätzt wurden: auf das prophetische Reden, auf das Wissen um die Geheimnisse, auf die Erkenntnis und auf die Glaubenskraft, die Berge versetzen kann. Paulus selbst schätzt diese vier Talente durchaus als positiv ein. Aber wenn die Liebe nicht der Grund ist, ist der, der diese Gaben praktiziert, letztlich ein Nichts. Die prophetische Gabe ist für die Korinther die Fähigkeit, das Zukünftige vorauszusehen oder den Menschen und der Gesellschaft Gottes Willen zu verkünden. Das Prophetische ist ein wesentlicher Bestandteil des Christlichen. Prophetisch ist ein Mensch, der die politische und gesellschaftliche Situation kritisch von Gott her beurteilt und von Gott her Worte sagt, die einen Weg in die Zukunft eröffnen können. Prophetisch reden bedeutet aber auch, dem anderen Menschen geheime Dinge sagen, die man über ihn erkannt hat. Das macht immer Eindruck. Doch darin liegt die Gefahr, über den anderen Macht auszuüben und ihn zu manipulieren. Wenn ich ihm die geheimen Dinge sage, die sonst niemand weiß, bekommt er Angst, ich könne alles in ihm offenbaren. So gibt er sich leicht gefügig.

Das Wissen um die Geheimnisse bezieht sich auf die Mysterienkulte, die damals nicht nur in Korinth, sondern im ganzen Römischen Reich modern waren. Es ging darum, in besondere Geheimnisse eines Gottes eingeweiht zu werden und sich dadurch über die anderen Menschen erhaben zu fühlen. Das ist eine Tendenz, die wir heute genauso kennen. Es ist die Gefahr, die Spiritualität und spirituelle Erfahrungen dazu zu benutzen, sich über andere zu stellen und auf andere herabzusehen. Damals hatten die Mysterienkulte eine große Anziehungskraft, weil sie Menschen, die an einem Mangel an Selbstwertgefühl litten oder die als Sklaven in der Gesellschaft nicht anerkannt waren, die Möglichkeit gaben, sich als besonders wertvoll zu erleben. Darin lag eine Chance, aber auch eine Gefahr. Denn wenn ich mich spirituell über die anderen erhebe, muss ich andere entwerten, um mich aufzuwerten. Diese Tendenz der Abwertung erleben wir auch heute in solchen Kreisen, die glauben, sie würden besondere mystische Erfahrungen machen, die sie von allen anderen abheben. Sie sind voller Neugier, spirituelle Erfahrungen zu machen, in Geheimnisse irgendeines Sonderkultes eingeweiht zu werden. Wenn die Sehnsucht nach spiritueller Erfahrung nicht von Liebe geleitet ist, ist sie jedoch wertlos. Dann bläht sie nur das Ego auf. Und sie wird zum Ersatz für mangelndes Selbstwertgefühl. Manche gehen den spirituellen Weg, weil sie sich im Tiefsten als wertlos erleben. Die Erfahrung Gottes kann mir einen tiefen Wert verleihen. Aber wenn ich meine spirituellen Erfahrungen dazu benutze, mich interessant zu machen, ist das nur ein Zeichen, dass darunter das Empfinden der eigenen Wertlosigkeit weiter verborgen bleibt. Dieses Gefühl wird nur verdeckt, aber nicht verwandelt. Die spirituelle Erfahrung ist nach Paulus nur dann wertvoll, wenn sie mich in Gott hinein führt, in das Sein, in das Geheimnis der Liebe, die der Grund allen Seins ist.

Die dritte Gabe ist die Gabe der Erkenntnis. Das Wort „Gnosis", das im griechischen Originaltext steht, bedeutet nicht nur Erkenntnis, sondern auch Erleuchtung. Es gab damals eine breite Bewegung der Gnosis, sowohl im christlichen als auch im außerchristlichen Bereich. Es war die Sehnsucht, mehr zu wissen als die anderen, eingeweiht zu werden in die göttlichen Geheimnisse und Erleuchtung zu erfahren.

Unter den Korinthern gab es viele, die fasziniert waren von der Gnosis und nun eine christliche Gnosis betrieben. Paulus hat im zweiten Kapitel des Ersten Korintherbriefs die Christen als die wahren Gnostiker bezeichnet. Gott selbst hat uns in Jesus Christus die wahre, die vollkommene Weisheit verkündet und uns das Wissen um das Eigentliche unseres Lebens geschenkt. Aber auch die Gnosis ist ohne Liebe wertlos. Sie bläht nur auf. Ich gebe mit meiner Erkenntnis an, um bewundert zu werden. Die wahre Erkenntnis aber macht immer demütig.

Glaube ist für Paulus etwas Entscheidendes. Durch den Glauben werden wir gerechtfertigt, nicht durch die Werke. Das hat Paulus im Brief an die Römer ausgeführt. Hier geht es um einen anderen Glauben, nicht um den Glauben an die Liebe Jesu am Kreuz, der uns die Gewissheit schenkt, dass wir bedingungslos angenommen sind, sondern um den Wunderglauben, der meint, er könne alles, was er glaubt.

Auch diese Tendenz kennen wir heute. Es gibt vor allem in Amerika Bücher, die meinen, man müsse nur genügend glauben, dann würde alles gelingen. Eine Frau schenkte mir ein Buch, das in dieser Tradition liegt: „Bete und werde reich." Ich habe es weggeworfen. Denn das ist für mich eine Irreführung. Hier wird der Glaube benutzt, um meine infantilen Bedürfnisse zu erfüllen oder um meine Machtbedürfnisse auszuagieren. Ein Mann erzählte mir, er brauche die Ziele, die er sich für seine Firma gesetzt hat, nur ins Unbewusste eindringen lassen, dann werde er sie auch erreichen. Doch solcher Glaube führt nur in die Irre. Dieser Mann ist an der Übererwartung an seinen Glauben gescheitert. Er wollte seinen Glauben nicht aufgeben und musste wegen seiner Sturheit und Halsstarrigkeit schließlich Konkurs anmelden. Mag der Glaube manchmal Wunder wirken, wenn die Liebe fehlt, nützt er nichts.

Es geht nicht um außergewöhnliche Ereignisse oder Erlebnisse, mit denen wir unsere Glaubenskraft unter Beweis stellen möchten, sondern einzig und allein um die Liebe. Die Liebe gibt unserem Leben den Geschmack Jesu Christi. In der Liebe werden wir dem Bild Jesu Christi ähnlich. Paulus spricht in seinem ganzen Text über die Liebe nicht von Jesu Liebe und nicht von unserer Erlösung durch Jesus Christus. Aber Christus als das Urbild der Liebe ist immer im Hintergrund. Agape ist letztlich die göttliche Liebe, die uns in Jesus Christus aufgeleuchtet ist.

Im dritten Vers werden zwei andere Haltungen beschrieben, die ohne Liebe wertlos sind. Da ist einmal das Verschenken der ganzen Habe und zum anderen das Verbrennen des eigenen Leibes. Es sind zwei Haltungen, die wir sonst oft mit Liebe verbinden. Die erste Haltung meint das Speisen anderer mit der ganzen Habe, die man besitzt. Wörtlich meint es: zur Speisung Notleidender seine ganze Habe in Brocken aufteilen und verfüttern. Die Speisung der Armen kann durchaus eine Gabe des Heiligen Geistes sein. Aber Paulus rechnet damit, dass auch das ohne Liebe geschehen kann. Dann ist das Werk wertlos. Hilfsprojekte zur Unterstützung der Armen und Notleidenden in den Ländern der Dritten Welt können Ausdruck der Liebe sein. Aber sie können auch ohne Liebe geschehen. Es können andere Motive tragend sein, wie: sich selbst ins Szene setzen, das schlechte Gewissen beruhigen, sich in der Öffentlichkeit interessant machen. Dann sind sie nur wie ein Strohfeuer, das schnell verbrennt, aber nicht auf Dauer zu wärmen vermag.

Beim Verbrennen ist nicht ganz deutlich, was Paulus meint, ob er an das Martyrium durch den

Feuertod denkt, an Selbstaufopferung für andere oder an die Brandmarkung der Sklaven. Auch die griechisch-römische Philosophie kennt die heroische Haltung angesichts des Feuertodes. Und griechische Philosophen kennen die freiwillige Selbstverbrennung als indischen Brauch und indisches Vorbild. Heute würde Paulus vielleicht von den Selbstmordattentaten sprechen. Sie geschehen nicht aus Liebe, sondern aus Hass. Deshalb sind sie wertlos und führen zur Selbstverachtung und Verachtung menschlicher Würde. Paulus denkt sicher noch nicht an das christliche Martyrium. Denn die Verbrennung der Christen durch Kaiser Nero war beim Verfassen seines Briefes noch in weiter Ferne. Vermutlich denkt er an eine einmalige spektakuläre Tat, durch die man sich dem mühseligen Einsatz der Liebe im Alltag entzieht. Auch solche Aufsehen erregende Taten, die wir normalerweise als Ausdruck von Liebe verstehen, sind wertlos, wenn sie nicht wirklich aus Liebe geschehen, sondern aus dem Bedürfnis, etwas Besonderes sein zu wollen.

„Die Liebe ist langmütig"

Die Liebe ist langmütig, / die Liebe ist gütig.

Nach den ersten drei Versen beschreibt Paulus nun die Macht der Liebe. Dabei moralisiert er nicht. Er schreibt nicht: „Wenn du liebst, musst du langmütig oder gütig sein." Vielmehr beschreibt er einfach, was die Liebe ist. Sie ist aus sich heraus langmütig und gütig. Sie hat diese Eigenschaften von ihrem Wesen her. Indem Paulus die Eigenschaften beschreibt, erinnert er uns an die Möglichkeiten und Fähigkeiten, die in uns bereitliegen. Denn die Liebe ist ja in uns. Wir sollen sie nur wirken lassen. Es ist ein faszinierendes Gedicht auf die Wirkung der Liebe, die uns im Heiligen Geist gegeben ist, die in jedem von uns ist, die wir aber oft verdeckt haben mit anderen Motiven oder anderen Eigenschaften unserer Seele. Beim Lesen und Meditieren dieser Worte sollen wir in Berührung kommen mit der Liebe, die in uns ist. Die Tatsache, dass uns diese Sätze des Apostels bewegen, zeigt, dass in uns schon die Liebe ist. Denn sonst würden wir seine Worte gar nicht verstehen. Und daher sollen wir dieser Liebe auch trauen. Sie vermag unser Leben zu wandeln. Sie bringt nach außen hin Frucht und wird so zum Segen für diese Welt. Die Liebe verwandelt nie nur mein eigenes Herz, sondern immer auch das Miteinander der Menschen. Sie ist wie ein Sauerteig, der in die Gesellschaft hineinwirkt, wie ein Licht, das das Dunkel dieser Welt erhellt.

Für das deutsche Wort „langmütig“ steht im griechischen Originaltext das Wort „makrothymei“. Es kann bedeuten: Geduld haben. Es meint ursprünglich das weite und große Gemüt, das weite Herz. Für den heiligen Benedikt ist das weite Herz das Kriterium eines spirituellen Menschen. Gott vermag nur in einem weiten Herzen zu wohnen. Wer ein weites Herz hat, der kann auch Menschen lieben, die ihm nicht auf den ersten Blick sympathisch sind. Das weite Herz bricht die Verengung und die Verschlossenheit auf, in die sich ein ungeliebtes Kind zurückzieht, um nicht neu verletzt zu werden. Aber das weite Herz vermag auch zu warten. Es hofft darauf, dass sich Enge in Weite und Verschlossenheit in Offenheit verwandelt.

Wer durch die Liebe ein weites Herz bekommt, der regt sich nicht ständig über die anderen auf. Ein enges und kleinkariertes Herz verbraucht viel zu viel Energie damit, sich über andere zu ärgern. Das weite Herz hat Raum für die Menschen mit ihren Eigenheiten. Es ist gelassen. Es hat einen langen Atem. Mit einem weiten Herzen hat der Mensch eine angenehme Ausstrahlung, während das enge Herz um sich herum Enge erzeugt. In der Nähe eines weiten Herzens lässt sich gut leben. Das enge Herz vertreibt die Menschen. Sie haben Angst, selbst so eng zu werden. Das deutsche Wort „eng" verweist auf die Angst, die diese Enge verursacht. Die Weite des Herzens spiegelt das Vertrauen in die Menschen wider. Hier wird keine Forderung sichtbar, sondern die Eigenschaft der Liebe verwandelt den Menschen und gibt ihm ein gutes Daseinsgefühl.

Allerdings machen wir immer wieder die Erfahrung, dass das enge Herz sich in uns zu Wort meldet. Wir denken kleinkariert über andere. Wir regen uns ständig darüber auf, wie sie sich kleiden, wie sie sprechen, wie sie sich gebärden. Bei einem Vortrag fragte mich eine Frau, was sie tun soll, wenn sich das enge Herz zu Wort meldet. Wir sollen nicht gegen die Enge kämpfen, sonst krampft sie sich noch weiter zusammen.

Es geht vielmehr darum, die Gedanken des engen Herzens anzuschauen und mit ihnen ins Gespräch zu kommen. Warum denke ich so eng? Wovor habe ich Angst? Wovor muss ich mich schützen? Was möchte ich aus meinem Herzen ausschließen, weil es für mich zu gefährlich ist? Wenn ich meine Enge demütig anerkenne, dann kann ich neben der Enge auch die Weite in mir entdecken. Das weite Herz lässt auch die Enge in sich zu. In einem weiten Herz hat sogar die Enge Raum. Aber sie hat keine Macht mehr. Indem ich mein enges Herz freundlich annehme, kann es sich weiten. Und dann spüre ich auf einmal in der Weite die Liebe, die in mir strömt.

Wenn wir das weite Herz auf den heilenden Umgang von Ärzten, Lehrern, Therapeuten und Seelsorgern beziehen, so wird deutlich, dass nur ein weites Herz zu heilen vermag. Das weite Herz des Seelsorgers oder der Therapeutin weitet auch das Herz des Klienten, der eng und ängstlich um sich kreist, der sich verschlossen hat aus Angst, er könne wieder neu verletzt werden, oder aus Angst vor dem inneren Chaos, das aufbrechen könnte, sobald er sich öffnet. Der Klient kann dann offen über sich sprechen. Ein enges Herz hingegen würde das Herz des anderen verschließen.

Das weite Herz gilt auch für die Beziehung der Eltern zu ihren Kindern. Eltern mit einem weiten Herzen können warten, bis die Kinder ihre Identität finden, bis sie ihre Kinderkrankheiten abstreifen und erwachsen werden. Sie erschrecken nicht und geraten nicht in Panik, wenn das Kind Probleme bereitet, wenn es in der Schule nicht mitkommt oder im sozialen Verhalten auffällig wird. Das weite Herz übersieht die Probleme nicht. Es nimmt das Kind mit seinen Schwierigkeiten und Ängsten in sich hinein, damit es dort heil werden kann. Das enge Herz wird durch die Probleme des Kindes noch enger und ängstlicher. Es lässt das Kind nicht in sich hinein, sondern will es als „Fall" behandeln. Dadurch aber entsteht keine Beziehung. Und vom Herzen ausgeschlossen kann das Kind dann nicht gesund werden.

In der Begleitung erlebe ich immer wieder Menschen, die davon erzählen, wie ihre Mutter ängstlich und engherzig war. Da musste alles nach festen Prinzipien ablaufen. Da wurden abweichende Meinungen verteufelt. Über Nachbarn, die manches anders sahen oder einen anderen Lebensstil hatten, wurde geschimpft. Solche Menschen leiden als Erwachsene immer noch unter der Enge ihrer Eltern. Und es braucht oft lange, bis sie die eigene Enge, die sie von den Eltern übernommen haben, langsam ablegen und ihr Herz weiten können. Für den heiligen Benedikt führt der spirituelle Weg in die immer größere Weite des Herzens hinein. Und das weite Herz braucht nicht mehr ängstlich auf die Gebote zu achten. Es läuft in der Freude des Heiligen Geistes den Weg zum Leben.

Die Liebe ist gütig. Sie meint es gut mit dem anderen. Das griechische Wort „chresteuetai", das für „gütig" im griechischen Text steht, bezieht sich nicht so sehr auf die gütige Gesinnung als vielmehr auf die gütige Zuwendung zum anderen. Die Liebe hat in sich die Tendenz, sich dem anderen zuzuwenden. Sie zeigt sich nach außen zu den Menschen als gut und gütig. Und daher weckt sie im anderen das Gute. Sie behandelt ihn gut, sie berührt ihn mit liebevollen Händen. Die Liebe vertraut darauf, dass sie den anderen in seinem Inneren bewegt, das Gute in ihm hervorruft und ihn mit dem guten Kern in Berührung bringt, der unterhalb von allen Abwehrmechanismen in jedem Menschen steckt.

Diese Liebe ist daher immer auch optimistisch. Die Liebe gibt keinen Menschen auf. Sie glaubt, dass selbst in dem, der andere verletzt, der voller Bosheit und Härte ist, die Sehnsucht nach Liebe ist, die Sehnsucht nach Gutsein. Und indem die Liebe an diesem Glauben und an dieser Hoffnung festhält, vermag sie im anderen das Gute hervorzulocken. Es braucht oft lange, bis ein Mensch, der sich verschlossen hat, mit seinem guten Kern in Berührung kommt. Aber die Sehnsucht nach dem Guten ist in jedem. Die Liebe vermag diese Sehnsucht zu wecken.

Die Liebe gibt dem, der ihr in sich Raum gibt, eine gütige Ausstrahlung nach außen. Von einem Menschen, der sich von der Liebe leiten lässt, geht etwas Gutes und Gütiges, etwas Freundliches und Aufrichtiges aus. Doch er verwandelt auch die Menschen um sich herum. Er hat eine heilende Wirkung auf die anderen. Daher braucht es diese Liebe gerade in der Seelsorge und Therapie. Ohne diese Güte kann der Klient nicht mit dem Guten in sich in Berührung kommen, kann sich das Verhärtete in ihm nicht in etwas Gütiges wandeln. Dabei geht es nicht darum, der Therapeutin oder dem Seelsorger einzuschärfen, er solle gütig mit den Klienten umgehen. Vielmehr sollen wir uns im Gespräch immer wieder an die Liebe erinnern, die in uns ist und die gütig ist, die es uns ermöglicht, uns gütig dem anderen zuzuwenden. Die Liebe ist die Quelle, aus der wir schöpfen dürfen. Wenn wir uns von ihr führen lassen, dann geht Gutes von uns aus. Es ist keine Leistung, sondern eine Erfahrung, die wir dankbar machen dürfen. Die Worte des Apostels wollen uns in Berührung bringen mit der Quelle der Liebe, die in uns strömt.

„Sie prahlt nicht“

Sie ereifert sich nicht, / sie prahlt nicht, / sie bläht sich nicht auf.

Im griechischen Text steht für „Sie ereifert sich nicht“ der Ausdruck „ou zeloi“. Er kann vieles bedeuten:

Die Liebe ist nicht neidisch, nicht eifersüchtig. „Sie ist frei von der Verabsolutierung der eigenen Auffassungen und Präferenzen, aber auch von egoistischem Eifer um die eigenen Interessen und Ziele." (Schrage 296) Die Liebe ruht in sich. Ihr fällt es nicht ein, auf andere neidisch oder eifersüchtig zu sein.

Die Eifersucht ist ja häufig mit unserer Liebe verbunden. Mir schrieb eine Frau, die ihren Mann sehr liebt und auch weiß, dass ihr Mann sie liebt und ihr treu ist, von ihrer Eifersucht, die sie belastet. Wenn ihr Mann länger im Büro bleibt, kommt sofort die Angst hoch, er könnte etwas mit der Sekretärin haben. Er würde lieber bei ihr bleiben, als nach Hause kommen. Wenn ihr Mann dann heimkommt, überfällt sie ihn mit Vorwürfen. Sie weiß, dass sie dadurch ihrer gegenseitigen Liebe keinen Dienst erweist. Vielmehr bekommt sie Angst, mit ihrer Eifersucht die Liebe zu zerstören. Aber sie findet keinen Weg, von der Eifersucht loszukommen.

Da genügt es sicher nicht, zu sagen: „Die Liebe ist nicht eifersüchtig." Vielmehr sollte die Frau mit ihrer Eifersucht ins Gespräch kommen. Welche Angst ist mit ihrer Eifersucht verbunden? Es ist die Angst, ihren Mann zu verlieren. Diese Angst hat ihre Ursachen in frühen Erfahrungen von Verlassenheit und in den Botschaften, die sie als Kind erhalten hat: „Du bist nicht liebenswert. Bei dir kann es kein Mann aushalten. Du wirst nie einen Mann bekommen, der dich liebt." Das Gespräch mit der Eifersucht führt zu den alten Wunden. Aber damit ist die Eifersucht noch nicht überwunden. Ich muss die Wunden Gott hinhalten, damit seine Liebe in meine Wunden strömt und sie heilt.

Und es braucht noch eine zweite Frage: Welche Sehnsucht steckt in der Eifersucht? Es ist die Sehnsucht, von einem anderen als einzigartig angesehen zu werden und seine Liebe allein für sich zu haben. Die Sehnsucht verweist mich auf ein unstillbares Bedürfnis nach Liebe. Indem ich mein Bedürfnis zugebe, kann es sich relativieren. Denn ich weiß, dass mein Mann mir meine unendliche Sehnsucht mit seiner endlichen Liebe nicht zu stillen vermag. Ich mache meinem Mann keinen Vorwurf für die Begrenztheit seiner Liebe. Ich versuche vielmehr, in meiner Eifersucht die Sehnsucht zu entdecken nach einer Liebe, die nicht brüchig ist, auf die ich mich verlassen kann, die absolut ist.

Letztlich ist es die Sehnsucht nach der göttlichen Liebe. Im Sinn des heiligen Paulus ginge es darum, die Liebe in sich zu entdecken als eine göttliche Gabe, die nicht zerstört werden kann durch die Begrenztheit eines Menschen. Der Weg ginge dann durch die Eifersucht hindurch auf den Grund der Seele, in dem diese Quelle der Liebe strömt. Die Eifersucht erinnert mich dann immer wieder daran, nach innen zu gehen und in mir auf dem Grund meines Herzens diese Liebe zu spüren, die in mir ist als eine Macht, die durch nichts zerstört werden kann, weil sie göttlich ist.

Wenn Paulus sagt, dass die Liebe nicht eifersüchtig ist, dann dürfen wir seine Worte nicht als Forderung für Ehepaare aufstellen: „Du darfst nicht eifersüchtig sein.“ Denn die Eifersucht ist oft nicht Sache unseres freien Willens. Ich kenne eine Frau, die absolut nicht eifersüchtig sein wollte, weil das nicht mit ihrem Bild von Liebe übereinstimmte. Doch als ihr Mann mit ihrer Zustimmung eine ehemalige Jugendfreundin einlud, konnte sie es vor Eifersucht nicht aushalten. Sie machte sich selbst Vorwürfe wegen ihrer Eifersucht. Aber sie konnte nichts dagegen machen.

Die Eifersucht überfiel sie einfach. Da hat es keinen Sinn, dass ihr Mann ihr Vorwürfe macht, sie wäre doch einverstanden gewesen mit dem Besuch der Jugendfreundin. Auch hilft es nicht, dass sie sich selbst ihre Eifersucht vorwirft. Sie muss sich in aller Demut eingestehen, dass sie ohnmächtig ist gegenüber dieser starken Leidenschaft. Und sie kann sich von ihrer Eifersucht nach innen führen lassen und vertrauen, dass auf dem Grund ihrer Seele die Liebe wie eine Macht ist, die in ihr wirken möchte. Wenn sie in Berührung kommt mit der Liebe in ihrem Herzen, dann wird die Eifersucht entmachtet. Die Eifersucht ist im emotionalen Bereich. Die Liebe wohnt unterhalb des emotionalen Bereiches auf dem Grund der Seele. Dort, wo die Liebe in uns wohnt, hat die Eifersucht keinen Zutritt.

Für das Prahlen steht im griechischen Text „perpereuetai". Dieses Wort bezieht sich auf den Schwätzer, den Prahlhans, den Windbeutel. Wer von der Liebe erfüllt ist, wer sie in sich als innere Quelle erfährt, der hat es nicht nötig, sich über andere zu erheben, sich als etwas Besseres zu fühlen. Er muss nicht angeben und sich nach außen hin besser darstellen, als er ist. Das Prahlen verweist ja immer auf einen Menschen, der nicht mit sich in Berührung ist. Er fühlt sich nur, wenn er sich nach außen hin gut darstellt. Aber er hat keine innere Fühlung zu sich und zu seinem wahren Selbst. Die Liebe bringt uns in Berührung mit dem inneren Selbst. Und so schenkt sie uns Gelassenheit und innere Ruhe. Wir sind in Übereinstimmung mit uns selbst.

Prahlen ist oft Ausdruck von mangelndem Selbstwertgefühl. Weil ich mich so wie ich bin als wertlos erfahre, muss ich mich vor anderen in den Mittelpunkt stellen. Oder aber ich muss ständig angeben, damit die Leute mich gebührend beachten. Aber es ist ein Teufelskreis. Die Menschen werden sich von mir zurückziehen, wenn ich ständig angebe. Denn das wirkt negativ auf andere. Der Evangelist Lukas erzählt uns die Geschichte vom Oberzöllner Zachäus, der klein von Gestalt war. Er hatte offensichtlich Minderwertigkeitskomplexe. Daher musste er als Oberzöllner die anderen klein machen. Und er musste möglichst viel Geld scheffeln, um so auf andere Eindruck zu machen. Doch er geriet in den Teufelskreis, von den anderen immer mehr ausgeschlossen und verachtet zu werden. Jesus begegnet ihm und liebt ihn, ohne Forderungen an ihn zu stellen. Die Erfahrung des bedingungslos Geliebtwerdens heilt den Zachäus. Jetzt hat er es nicht mehr nötig, mit seinem Geld anzugeben. Jetzt kann er die Hälfte seines Vermögens den Armen geben. Die Liebe verwandelt ihn. Die Erfahrung der Liebe befreit ihn von seinem Zwang, vor anderen prahlen zu müssen mit seiner Position und mit seinem Geld. Wer Liebe erfährt, wird frei vom Prahlen. Und wer die Liebe in sich spürt als die Kraft, die auf dem Grund seines Herzens in ihm ist, der wird nicht mehr prahlen. Ihm muss man das nicht befehlen. Prahlen ist für ihn wesensfremd. Daher braucht er es von innen heraus nicht mehr.

Es gibt Menschen, die vor der geliebten Frau prahlen. Aber das geht nicht lange gut. Denn je näher wir zusammenkommen, desto mehr lernen wir das wahre Wesen des anderen kennen. Und dann kommt es darauf an, sich der Wahrheit zu stellen. Und das ist oft genug schmerzlich. Da vergeht einem alles Prahlen. Ich kenne aber auch Männer, die mit ihrer schönen Frau prahlen. Sie haben eine schöne Frau erobert und geben nun in ihrem Bekanntenkreis damit an. Doch auch so eine Beziehung hält nicht lange. Denn irgendwann wird die Frau sich dagegen wehren, als Vorzeigeobjekt dazustehen. Sie wird sich als Person, als Du, als Gegenüber zeigen und den Mann herausfordern. Wenn dann der Mann nicht bereit ist, sich der Beziehung zu stellen, wird sie auseinandergehen. Wer prahlt, ist weder in Beziehung zu sich selbst noch zum anderen. Und ohne Beziehung kann die Liebe nicht gelingen.

Die Liebe „bläht und bläst sich nicht auf". Es gibt viele Formen des Sich-Aufblähens. Ich kann auf andere geringschätzig herabblicken. Ich kann ständig auf meine eigenen Vorzüge hinweisen und mich in den Mittelpunkt stellen. C. G. Jung spricht von Inflation: das kleine Selbstbild wird aufgeblasen. So ist es ständig in Gefahr zu platzen. Inflation zeigt sich nicht nur in einem arroganten Verhalten anderen gegenüber. Es gibt gefährlichere Formen der Inflation. Für C. G. Jung ist das die Identifizierung mit einem archetypischen Bild, etwa mit dem archetypischen Bild des Propheten, des Heilers, des Helfers, des Opferlamms. Wenn ich mich mit einem archetypischen Bild identifiziere, dann werde ich blind für die eigenen Bedürfnisse, die ich unbewusst mit diesem Bild auslebe. Wenn ich mich zum Beispiel mit dem Bild des Propheten identifiziere – ich bin der Einzige, der sich traut, die Wahrheit zu sagen –, dann merke ich nicht, wie ich mein Machtbedürfnis über andere ausagiere. Oder wenn ich mich als Märtyrer fühle, dann agiere ich damit mein Sendungsbewusstsein und meine aggressive Seite aus. Es macht mich in vielen Kreisen interessant, wenn ich Märtyrer bin, weil andere zu dogmatisch sind. Unbewusst klage ich dann mit meiner ganzen Existenz die anderen an, die alle so kleinkariert sind.

Und ich merke gar nicht, wie ich andere mit meinem ganzen Sein verurteile und wie viel Aggression in meiner Märtyrerrolle steckt.

In Familien und in Gruppen gibt es immer Menschen, die die Rolle des Opferlamms übernehmen. Doch von einem Opferlamm geht etwas Aggressives aus. Es ist eine passive Aggression. Nach außen hin ist ein Opferlamm fromm und freundlich. Aber neben einem Opferlamm kann man nur schlecht leben. Da hat man ständig ein schlechtes Gewissen, wenn man sich etwas gönnt.

Das Opfer wird leicht zum Täter. Das Opferlamm beherrscht die Menschen seiner Umgebung. Es lässt sie nicht frei atmen. Alle müssen voller Dankbarkeit auf den aufschauen, der sich für sie aufopfert. Doch auf Dauer geht das nicht gut. Da lehnen sich die Menschen gegen das Opferlamm auf. Und dann gibt es oft unlösbare Konflikte, weil es dem Opferlamm schwerfällt, sich seiner unbewussten Aggression zu stellen.

Für Therapeuten und Seelsorger liegt die größte Gefahr darin, sich mit dem Archetyp des Helfers zu identifizieren. Wenn mir beispielsweise eine Frau im Gespräch erzählt, dass niemand sie liebt, dass niemand sie in den Arm nimmt, dann merke ich, wie sich in mir der Archetyp des Helfers oder Heilers meldet. Ich könnte ihr helfen, indem ich ihr Nähe zeige. Dann merke ich nicht, wie ich unter diesem Archetyp mein eigenes Bedürfnis nach Nähe ausagiere. Wenn Therapeuten oder Seelsorger übergriffig werden, hat das meistens mit der Identifizierung mit dem Archetyp des Heilers zu tun. Er möchte ja dem armen Mann, der liebebedürftigen Frau Liebe zeigen und sie dadurch heilen. Doch er merkt gar nicht, dass er sein eigenes Bedürfnis nach Liebe am anderen auslebt.

Es geht nicht darum, die archetypischen Bilder von sich zu weisen. Wir dürfen die Rolle des Helfers und Heilers spielen. Aber wir sind nicht die Rolle. Wir sind auch noch Menschen. Das archetypische Bild des Heilers und Helfers kann uns mit Fähigkeiten in Berührung bringen, die in uns stecken. Aber wenn wir uns damit identifizieren, übernehmen wir uns und übersehen unsere Menschlichkeit. Wer von der Liebe erfüllt ist, der kann für den anderen zum Helfer oder Heiler werden. Aber er ist sich zugleich bewusst, dass er nur ein Mensch ist, mit Fehlern und Schwächen, mit Grenzen und Bedürfnissen.

In seiner Menschlichkeit wird er dann durchlässig für die Liebe, die für den anderen eine heilende Wirkung entfalten kann, weil sie nicht vermischt ist mit der eigenen Bedürftigkeit. Ich vertraue darauf, dass in mir eine Liebe ist, die größer ist als ich. Und ich versuche, für diese Liebe durchlässig zu sein. Ich bilde mir nichts ein auf diese Liebe. Sie bläht mein Ego nicht auf. Ich bin dankbar für diese Liebe, die trotz meines Egos in mir strömt. Indem ich durchlässig bin, wirkt meine Liebe heilend auf mich selbst und auf den, der bei mir Rat sucht. Wenn ich mich immer nur anstrenge, Empathie zu zeigen oder den Klienten zu lieben, werde ich mich überfordern. Und meine Liebe wird einen angestrengten Eindruck machen. Beim anderen wird sie dann eher Schuldgefühle hervorrufen. Die Liebe, die durch uns hindurchströmt, ist dagegen heilend und befreiend und beglückend. Wir erfahren beide eine Qualität des Lebens, die uns verwandelt und uns einen neuen und angenehmen Geschmack verleiht. Die Liebe tut immer beiden gut: dem Liebenden und dem Geliebten.

Es gibt noch eine andere Weise, sich aufzublähen. Ich kenne Menschen, die ihre Liebe so in den Himmel heben, dass man den Eindruck hat, dass sie damit der Durchschnittlichkeit ihrer Liebe entrinnen möchten. Ihre Liebe – so erzählen sie jedem, der ihnen zuhört – ist etwas Außergewöhnliches, etwas tief Spirituelles, eine wunderbare Seelenverwandtschaft. Wenn ich aber meine Liebe zu sehr in den Himmel heben muss, verliert sie die Bodenhaftung. Und dann zerrinnt sie mir zwischen den Fingern. Oder ich hebe den Partner oder die Partnerin in den Himmel. Mir erzählte ein junger Mann, er habe eine Freundin gefunden. Die sei für ihn eine Erlöserin. Da wurde mir klar, dass diese Beziehung nicht gut gehen kann. Denn keine Frau ist für den Mann die Erlöserin und kein Mann für die Frau der Heiland. Die Frau kann dem Mann guttun. Ihre Liebe vermag manche Wunde in ihm zu heilen. Aber wenn ich die Freundin oder den Freund mit archetypischen Bildern wie Erlöserin, Heiland, Retter, Arzt, Helfer identifiziere, werde ich blind für seine Realität. Dann liebe ich nicht den konkreten Menschen, sondern ein Idealbild. Und mit einem Idealbild kann die Liebe nicht gelingen.

Eine andere Möglichkeit der Inflation: Eine Mutter hatte zwei Kinder. Zu ihren eigenen Kindern nahm sie noch einen Jungen als Pflegekind in ihre Familie auf. Sie wusste, dass er schwierig war. Das hatte sie bei ihrem Besuch im Kinderheim erkannt. Aber sie glaubte, dass sie dieses Kind mit ihrer Liebe „gesundlieben“ könne. Das ist ein großer Anspruch. Sie hat mit großem persönlichen Einsatz versucht, den Jungen trotz seiner Schwierigkeiten bedingungslos zu lieben. Doch nach zwei Jahren musste sie feststellen, dass dieses Kind ihren eigenen zehnjährigen

Sohn sexuell missbraucht hat. Da musste sie ihn wieder ins Heim geben. Sie hatte ihre Liebe zu sehr mit archetypischen Bildern identifiziert, so dass sie scheitern musste.

Manche Frau hat schon vor der Ehe gemerkt, dass ihr Freund Alkoholprobleme hat. Aber sie dachte im ersten Überschwang der Liebe, sie könnte ihn „gesundlieben". Doch dann musste sie schmerzlich erkennen, dass sie die Krankheit nicht durch ihre Liebe heilen konnte, sondern dass sie sich während der ganzen gemeinsamen Zeit getäuscht hatte. Die Liebe bläht sich nicht mit großen Bildern auf. Sie gilt diesem konkreten Menschen.

„Sie trägt das Böse nicht nach"

Sie handelt nicht ungehörig, / sucht nicht ihren Vorteil, / lässt sich nicht zum Zorn reizen, / trägt das Böse nicht nach.

Für „Sie handelt nicht ungehörig" steht im griechischen Text „ouk aschemonei". Dieser Ausdruck erinnert an die stoische Philosophie. Dort bezieht es sich auf in Worten und Werken unanständiges und ungeziemendes Auftreten und auf die Verletzung der Würde des Menschen. Wer die Liebe in sich spürt, der hat ein feines Empfinden für ein taktvolles Auftreten, für gute Manieren, für Anstand und für den Wert des Gegenübers. Das deutsche Wort „Anstand" meint ja, dass ich stehen bleibe und den anderen sein lasse, wie er ist, anstatt in ihn einzudringen oder ihm zu nahe zu kommen. Es gibt Menschen, die kein Gespür für die Grenze des anderen haben. Sie haben keinen Anstand. Sie bleiben nicht in sich selbst stehen. Sie können nicht warten, bis der andere sich zeigt und öffnet.

Paulus muss dieses taktvolle Auftreten nicht anmahnen. Er ist vielmehr der Überzeugung, dass die Liebe von allein den richtigen Umgangston findet und die rechte Art und Weise, dem anderen zu begegnen und mit ihm umzugehen. Wer von der Liebe erfüllt ist, der hat es nicht nötig, durch übertriebenes Verhalten, das alle Normen sprengt, auf sich aufmerksam zu machen. Er spürt, was dem anderen guttut. Er achtet seine Würde. Die Liebe tut von sich aus das Richtige. Von dieser Liebe gilt, was Augustinus gesagt hat: „Ama et fac quod vis – Liebe und tue, was du willst." Wenn unser Tun aus der Liebe strömt, ist es immer richtig, angemessen und anständig.

Der nächste Ausdruck, „ou zetei ta heautes" – im Deutschen mit „sie sucht nicht ihren Vorteil" übersetzt –, verleitet manche Exegeten dazu, von der absoluten Selbstlosigkeit der Liebe zu sprechen. In der Theologiegeschichte wurden heftige Debatten geführt, ob die Liebe als amor benevolentiae oder amor concupiscentiae verstanden werden kann, ob der Liebende nur den anderen meint oder auch das eigene Glück mit anstrebt. Karl Rahner hat gezeigt, dass es eine falsch gestellte Alternative ist. Jede Liebe ist immer schon auf den anderen bezogen, aber zugleich erlebt sie den anderen auch als Beglückung für sich selbst. Und der Liebende erlebt sich selbst in der Liebe zum anderen auf neue und beglückende Weise. (Vgl. Rahner 237) Von der Psychologie her wissen wir, dass für uns Menschen eine absolute Selbstlosigkeit kaum möglich ist. Bei allem, was wir tun, sind immer auch das eigene Ego und die eigenen Bedürfnisse mit im Spiel. Doch es geht darum, die eigenen Absichten wahrzunehmen und sich davon zu distanzieren oder aber mit seinen egozentrischen Bedürfnissen durchlässig zu sein für die Liebe.

Jeder will mit seiner Liebe auch etwas erreichen. Er will gut dastehen. Oder er will sich zumindest gut fühlen, indem er sich sagt: „Jetzt war ich selbstlos." Es wäre fatal, diese Gedanken aus sich völlig herauszureißen. Sie werden sich dann subtil in meine selbstlose Liebe hineinmischen. Realistischer ist es dagegen, sich seiner Bedürfnisse bewusst zu werden und sich vorzusagen: „Ja, ich will auch etwas für mich. Aber jetzt in diesem Augenblick versuche ich, durchlässig zu sein für die Liebe, die in mir ist, für die ich mir nichts einbilden kann, die mir vielmehr von Gott geschenkt ist als Gabe und Aufgabe." Dann werde ich demütig um meine eigene Bedürftigkeit wissen und dennoch fähig, von mir und meinen Bedürfnissen abzusehen und mich jetzt ganz und gar auf den anderen oder auf Gott einzulassen.

Wenn die Liebe wirklich in mir strömt, dann vergesse ich in diesem Augenblick mich und mein Bedurfnis, mich besser zu fühlen. Dann bin ich einfach in der Liebe. Das meint Paulus: Wer die Liebe schmeckt, der sucht in diesem Augenblick nicht das Seine. Wenn ich daraus jedoch eine Forderung mache, dann versuche ich ihr zwar gerecht zu werden. Aber ich bin dennoch in Gefahr, dass meine unterdrückten Bedürfnisse sich doch in mein Tun einschleichen. Sobald ich zu sehr über meine Liebe und meine Liebestaten nachdenke, ist das Ego schon wieder am Werk. Ich kann mir nicht vornehmen, mich zu vergessen. Damit würde ich mich nur selbst vergewaltigen. Doch Paulus verheißt uns: Wenn die

Liebe in mir wirksam ist, wenn der Heilige Geist in mir als Liebe strömt, dann bin ich auf einmal frei von mir und von den Gedanken, was es mir jetzt bringt. Dann fließt die Liebe einfach. Dann gebe ich mich hin. Dann gehe ich auf in der Hingabe, ohne sie mir als mein Verdienst anzurechnen. Die Liebe ist einfach da. Und wo sie strömt, da geschieht Hingabe. Es ist also eine Verheißung, die uns Paulus mit diesen Worten gibt. Es geht nur darum, dieser Verheißung zu trauen. Dann werden wir immer wieder einmal die Erfahrung machen, dass die Liebe in uns strömt und wir uns selbstvergessen und selbstlos hingeben. Das sind immer auch Momente des Glücks und Augenblicke tiefer Gotteserfahrung.

Wenn wir die Beschreibung der Liebe mit der konkreten Erfahrung vergleichen, die wir mit der Liebe machen, so können wir oft nicht sagen, dass unsere Liebe selbstlos ist. Wenn wir als Kinder zu wenig Liebe erfahren haben, dann sind wir unser Leben lang bedürftig nach Liebe. Wir lieben dann einen anderen, weil wir selbst geliebt werden möchten. Wir hungern und dürsten nach Liebe. Wir können nicht leben, ohne von einem anderen geliebt zu werden. Diese Bedürftigkeit führt uns dann oft dazu, dass wir unser eigenes Selbst vergessen. Aber diese Selbstlosigkeit ist nicht befreiend, sondern eher krankmachend. Erich Fromm spricht von neurotischer Selbstlosigkeit. Es gibt selbstlose Menschen, die nur für andere leben. Aber trotzdem fühlen sie sich unglücklich. Oft ist diese neurotische Selbstlosigkeit Ausdruck einer Feindschaft gegen das Leben. Hinter der Fassade der Selbstlosigkeit verbirgt sich eine intensive Ichbezogenheit. (Vgl. Fromm 73f)

Ich habe eine Frau begleitet, die wegen ihrer großen Bedürftigkeit nach Liebe mit einem Mann liiert war, der sie ständig verletzt hat. Im Gespräch wurde ihr klar, dass sie sich von diesem Mann trennen muss. Aber weil sie Angst hatte, nicht mehr geliebt zu werden, hat sie diese verletzende Liebe in Kauf genommen, bis sie krank geworden ist. Eine Frau, die im Frauenhaus arbeitet, erzählte mir von den vielen Frauen, die von ihren Männern geschlagen werden. Sie flüchten sich ins Frauenhaus. Doch sobald der Mann wieder auftaucht, gehen sie wieder mit ihm, obwohl sie damit rechnen müssen, dass er sie wieder schlägt. Weil sie zu bedürftig nach Liebe sind, vergessen sie ihre eigene Würde und flüchten wieder in eine Liebe, die letztlich keine Liebe ist. Sie spüren sich selbst nur, wenn ein anderer sie begehrt oder ihnen Liebe verspricht. Weil sie nicht allein sein können, ziehen sie das Zusammensein vor, auch wenn es für sie bedrohlich und verletzend ist.

Die Frage ist, was diesen Frauen helfen kann. Es hilft ihnen sicher nicht, zu sagen, ihre Liebe soll selbstlos sein. Ich würde mit ihnen über ihre Bedürftigkeit und über ihre Sehnsucht nach Liebe sprechen. Und ich würde ihnen sagen: „In deiner Sehnsucht nach Liebe ist schon Liebe. Du sehnst dich nach dem Mann, um dich zu spüren, um deine tiefe Bedürftigkeit nach Liebe zu erfüllen. Aber du machst dich völlig abhängig. Du weißt, dass der Mann dich wieder schlagen wird. Spüre in dich hinein. Du weißt, was Liebe ist. Du sehnst dich ja danach. Im Grund deines Herzens ist Liebe. Traue dieser Liebe. Sie gehört dir. Stelle dir vor, wie diese Liebe deinen Leib durchdringt, wie sie in dein Gesicht strömt, in deine Hände, in deine Brust, in deinen Bauch. Stelle dir vor, wie da in dir eine Liebe ist, die dich mit Wohlwollen erfüllt. Sie verletzt dich nicht. Sie achtet dich. Es ist eine Liebe, die nicht umschlägt in Hass. Sie ist nicht brüchig wie die Liebe, die du immer wieder erfährst. Traue dieser Liebe in dir."

Es wird einer so bedürftigen Frau nicht gleich gelingen, der Liebe in sich zu trauen. Aber der einzige Weg, frei zu werden von der verletzenden Liebe, besteht darin, mit der Liebe in sich in Berührung zu kommen. Damit die Frau diese Liebe in sich spürt, braucht sie natürlich beim Begleiter die Erfahrung einer Liebe, die sie achtet, die sie annimmt, ohne sie zu benutzen. Die Bedürftigkeit nach Liebe führt dann oft dazu, dass sie sich in den Begleiter verliebt. Wenn der Begleiter auch bedürftig ist, wird er sich darauf einlassen. Und dann wird die Liebe nicht mehr heilen, sondern wieder in die Abhängigkeit führen. Es braucht auch beim Begleiter die Erfahrung einer Liebe, die in ihm ist und die er verströmen kann, ohne selbst etwas dafür bekommen zu müssen. Er liebt dann nicht, weil er Liebe braucht, sondern weil die Liebe in ihm ist.

„Ou paroxynetai" wird mit „Sie lässt sich nicht zum Zorn reizen" übersetzt. Die Liebe verbittert nicht, auch dann nicht, wenn sie sich ausgenutzt fühlt, gekränkt oder nicht genügend beachtet wird. Die Liebe verdrängt nicht die Aggression. Aber wenn ich mit der Quelle der Liebe in Berührung bin, dann regt mich vieles nicht auf. Dann lasse ich mich nicht so leicht zum Zorn reizen. Allerdings dürfen wir die Beziehung der Liebe zum Zorn nicht naiv sehen. Liebe und Aggression gehören immer zusammen.

Peter Schellenbaum hat in seinem Buch „Das Nein in der Liebe" beschrieben, wie die Aggression die Liebe davor schützen kann, uns zu überfordern. Wer den anderen liebt, braucht immer auch ein

Gespür für die eigene Grenze und für die Grenze des anderen. Die Aggression will das Verhältnis von Nähe und Distanz regeln. Eine Liebe wird nur dann auf Dauer fruchtbar sein, wenn wir ein gutes Verhältnis von Nähe und Distanz finden. Wenn wir am anderen kleben, werden wir innerlich gelähmt. Und durch zu viel Nähe wird die Liebe irgendwann erlöschen. Wenn sich dann die Aggression regt, ist sie ein wichtiger Impuls, uns mehr Distanz zu erlauben, damit wir den anderen weiterhin zu lieben vermögen. Wir sollen uns dann, wenn wir zornig werden, keine Vorwürfe machen, dass wir zu wenig lieben. Der Zorn weist uns vielmehr darauf hin, uns besser abzugrenzen, um die Liebe in uns auf Dauer zu schützen.

Wir sprechen auch von der Hitze des Zornes. Sie verbrennt uns und verletzt andere. Der Zorn ist oft Ausdruck von verweigerter Liebe. Wir erwarten vom anderen, dass er uns liebt. Wenn wir uns dann nicht geliebt fühlen oder wenn wir in unserer Liebe verletzt werden, dann regt sich der Zorn. Und der vermag in uns zu einem Feuer zu werden, das uns verbrennt. Alles dreht sich dann nur noch um den Zorn und den Groll. Er beherrscht uns ganz und gar. In Wut wird der Partner geschlagen. Manche Ehedramen enden in wilder Raserei, die so blind werden kann, dass sie bis zum Mord geht. Zorn kann zerstören. Ein Weg, den Zorn zu verwandeln und dessen Kraft in die Liebe zu integrieren, könnte darin bestehen, durch alle Wut hindurch auf den Grund der Seele zu gelangen. Unterhalb des Zorns liegt die Liebe, nach der wir uns eigentlich sehnen. Der Zorn soll uns an die Liebe erinnern, die in uns ist, von der er uns aber zugleich abschneiden möchte. Liebe kann auch Feuer in sich haben, aber kein Feuer, das verbrennt, sondern das wärmt. Wir sprechen bei einem liebenden Menschen davon, dass von ihm Wärme ausgeht. Die Liebe ist nicht ohne Leidenschaft. Aber es ist keine verzehrende Leidenschaft, die wie Feuer mich selbst und die Menschen in meiner Umgebung verbrennt. Sie wärmt die Menschen. Sie bringt mich in Berührung mit der Glut des Heiligen Geistes, die alles in mir durchglüht und mit Gottes Liebe durchdringt.

Eine Frau erzählte mir, dass sie oft zornig wird, wenn ihr Mann, der schon pensioniert ist, einfach zu träge ist, im Haushalt zu helfen oder die nötigen Reparaturen im Haus zu erledigen. Sie hätten schon so oft darüber gesprochen. Doch immer wieder versteckt er sich hinter der Zeitung oder hinter seinen Hobbys und lässt sie mit ihrer Arbeit allein. Da sie sehr christlich ist, macht sie sich Vorwürfe, dass sie zu wenig lieben würde. Denn die Liebe „lässt sich nicht zum Zorn reizen". Doch statt sich Vorwürfe zu machen, sollte sie den Zorn entweder in die Kraft verwandeln, den Mann zum Arbeiten zu bewegen. Oder aber sie sollte sich vom Zorn die Illusion zerstören lassen, die sie sich über ihren Mann gemacht hat. Er ist einfach träge. Sie muss sich damit aussöhnen, dass sie diesen antriebsschwachen Mann geheiratet hat. Der Zorn nimmt ihr auch die Illusion über sich selbst: Als ob sie immer nur freundlich und friedlich wäre. Jeder von uns ist auch zu heftigem Zorn fähig. Manchmal kennen wir uns dann selbst nicht. Erst wenn wir uns aussöhnen mit unserer Wut, wenn wir im Zorn uns und den anderen verstehen, dann kann sich der Zorn wandeln, dann wird er fruchtbar für die Liebe, dann zeigt er uns Wege, wie wir unsere Liebe auf Dauer schützen können. Der Zorn lehrt uns, uns gut abzugrenzen und für uns zu sorgen. Er will unsere Liebe vertiefen und die Kraft der Leidenschaft in sie einfließen lassen.

Im Beichtstuhl erzählen mir ältere Frauen manchmal, mit welchen Schimpfworten ihr Mann sie beleidigt. Es sind oft Worte voller Hass und Verachtung. Wie kann es kommen, dass eine Liebe in solchen Beschimpfungen endet? Die Erfahrung zeigt, dass Liebe oft mit Zorn und Hassgefühlen vermischt ist. Der Zorn ist Ausdruck für die Enttäuschung durch die konkrete Erfahrung der Liebe. Und gerade bei älteren Männern und Frauen ist der Zorn oder die Bitterkeit, mit der sie einander begegnen, ein Zeichen, dass sie sich nicht mit der Veränderung ihrer Liebe ausgesöhnt haben. Im Alter ist der andere nicht mehr so begehrenswert. Da braucht es eine andere Liebe, eine Liebe, die den anderen achtet mit seinen Begrenzungen. Statt die Verwandlung der Liebe im Älterwerden zu betrauern, agieren sie ihre Enttäuschung mit Beschimpfungen aus. Die Erfahrung solcher Gefühle von Bitterkeit, Groll und Zorn erschreckt manche Eheleute. Doch anstatt sich zu verurteilen, sollten sie sich der Enttäuschung stellen und sie betrauern. Dann kann sich ihre Liebe wandeln. Und dann können sie durch die Enttäuschung hindurch mit der Quelle der Liebe in Berührung kommen, die in ihnen ist.

Die Liebe „trägt das Böse nicht nach". Sie vergilt nicht Gleiches mit Gleichem. Die Liebe berechnet nicht. Sie stellt keine Rechnungen auf, wie das Böse zurückbezahlt werden sollte. Bei all diesen Eigenschaften müssen wir immer wieder daran denken, dass die Liebe eine Gabe Gottes ist. Wir können nicht einfach mit dem Willen in uns diese Liebe schaffen. Die Liebe ist in uns, weil der Geist Gottes in uns ist. Das ist die Zusage des heiligen Paulus.

Unsere Aufgabe ist es nur, dieser Liebe in uns zu trauen und mit der inneren Quelle der Liebe in Berührung zu kommen.

Albert Görres meint, das Böse entstehe oft dadurch, dass man das, was andere einem angetan haben, dem anderen nachrechnet. Dann entsteht ein Teufelskreis von Gekränktwerden und Wiederweiterkränken. Das Fatale ist, dass Menschen oft das Böse, das sie als Kind erfahren haben, ganz anderen Menschen anrechnen, die mit den Erfahrungen des Bösen gar nichts zu tun haben. Sie begleichen gleichsam nachträglich die Rechnungen ihrer Kindheit bei den falschen Schuldnern. Das Böse ist ein „unaufhörliches Nachtarocken am falschen Platz" (Görres, Das Böse 136). Wenn wir dem anderen das Böse, das er uns antut, nachrechnen, so wird das Böse nie aufhören. Das Böse wird immer wieder Böses zeugen. Nur wenn wir den Teufelskreis zerbrechen und darauf verzichten, das Böse aufzurechnen und darüber Buch zu führen, wird ein menschliches Miteinander möglich. Die Liebe vermag auf das Nachrechnen zu verzichten. Zugleich ist in dieser Fähigkeit der Liebe auch eine Forderung enthalten. Indem wir versuchen, das Aufrechnen zu lassen, wächst in uns die Liebe. Es ist eine wechselseitige Wirkung: Die Liebe befähigt uns zum Verzicht auf das Nachrechnen. Und der Verzicht auf das Anrechnen bringt uns in Berührung mit der Liebe, die in uns ist, und lässt sie stärker in uns strömen.

„Sie freut sich an der Wahrheit"

Sie freut sich nicht über das Unrecht, / sondern freut sich an der Wahrheit.

Die Liebe hat keine Freude am Unrecht, das anderen geschieht. Sie selbst vermag nichts Unrechtes zu tun. Sie kennt keine Intrigen und kein Mobbing. Sie tut das, was richtig ist. Sie wird dem anderen gerecht. Sie behandelt ihn richtig. Die Liebe hat aber auch keine Schadenfreude. Sie freut sich nicht, wenn dem anderen etwas Schlimmes zustößt oder wenn er von anderen verletzt und ungerecht behandelt wird. Die Liebe wünscht jedem Menschen, dass ihm Gerechtigkeit widerfährt, dass er richtig zu leben vermag. Sie hat ein Gespür dafür, was dem anderen guttut. Und sie hat eine feine Antenne für das Unrecht, für unrichtige Vorwürfe und Beschuldigungen und für ungerechtes Handeln.

Die Liebe freut sich an der Wahrheit. Wahrheit kann hier – wie viele Exegeten im Anschluss an die Sprache der Septuaginta meinen – Gerechtigkeit oder Richtigkeit bedeuten. Aber für mich hat die Wahrheit hier noch eine andere Bedeutung. Der griechische Begriff von Wahrheit, „aletheia", meint, dass der Schleier, der über der Wirklichkeit liegt, weggezogen wird. Wahrheit meint in der Sprache Martin Heideggers „Unverborgenheit des Seins". Das Eigentliche kommt zum Vorschein. Die Wirklichkeit wird nicht verfälscht durch meine Projektionen, durch meine rosarote oder dunkle Brille, mit der ich alles betrachte. Die Liebe ist eine Erkenntnisquelle. Sie lässt mich die Dinge so anschauen, wie sie in ihrem Wesen sind. Und sie freut sich an dem, was ist.

Der hebräische Begriff für Wahrheit, „Emuna", verweist uns auf eine andere Bedeutung von Wahrheit. Wahrheit meint Beständigkeit, Festigkeit, Zuverlässigkeit. Diese Wahrheit muss sich immer wieder erweisen in einem wahrheitsgemäßen Tun. Der Wert der Wahrheit hängt immer von der

Verlässlichkeit zwischenmenschlicher Beziehungen ab. Es gibt keine Wahrheit ohne eine gute Beziehung zum anderen. In diese Richtung weist auch das deutsche Wort von Wahrheit. Es hat den Sinn von „vertrauenswert, vertrauenswürdig“. Es hängt zusammen mit der Wurzel „Gunst, Freundlichkeit, Gefallen“. Das Wahre ist also das, was Vertrauen schafft. Die Wahrheit sagt mir nur der, der mir eine Gunst erweisen will, der freundlich zu mir ist. Daher ist es in sich unsinnig, einem die Wahrheit um die Ohren zu schlagen. Das ist das Gegenteil von Wahrheit. Die Wahrheit hat immer etwas mit einer guten, freundlichen Beziehung zu tun. Liebe und Wahrheit gehören von ihrem Wesen her zusammen. Nur wenn ich den anderen liebe, kann ich ihm seine Wahrheit aufdecken. Und er kann seine Wahrheit nur aushalten, wenn er weiß, dass ich ihn mit allem, was in ihm ist, annehme und liebe.

Die Liebe ist kein Gefühl, das blind macht für die Wahrheit. Es gibt ja den Ausdruck „Liebe macht blind“. Wenn ich verliebt bin, dann kreise ich so sehr um das eigene Gefühl des Verliebtseins, dass ich blind werde für die Realität des anderen. Ich verkläre und verherrliche ihn. Ich will nur das in ihm sehen, was mir guttut. Echte Liebe freut sich an der Wahrheit, an der eigenen Wahrheit und an der Wahrheit des anderen. Nur die Liebe befähigt mich, dem anderen die Wahrheit zu sagen. Und ich kann auch meine eigene Wahrheit nicht mit einem bloß analytischen Blick anschauen. Ich brauche einen liebenden Blick, um mich meiner Wahrheit zu stellen. Der liebende Blick bewertet nicht. Er lässt die Wirklichkeit sein, wie sie ist. Wahrheit ist ja, dass die Wirklichkeit so, wie sie ist, zum Vorschein kommt.

Im Licht der Philosophie des christlichen Philosophen Gabriel Marcel bekommt diese Freude der Liebe an der Wahrheit nochmals eine andere Bedeutung. Gabriel Marcel spricht im Anschluss an Martin Heidegger, dessen Philosophie er gut kennt und von der er sich zugleich abgrenzt, vom Sein des Seienden. Das Sein ist das Wesen, die Essenz der seienden Dinge. Und dieses Sein ist für Marcel letztlich Liebe. Das Sein erhellt das Seiende. Es ist für Marcel der Ursprung aller Dinge, die existieren, und zugleich der Ursprung allen Denkens. Und dieses Sein ist für ihn identisch mit Liebe. Das heißt für mich: Je mehr uns die Wahrheit aufgeht, je mehr wir in Berührung kommen mit dem Sein, desto mehr berühren wir die Liebe als den Urgrund aller Wirklichkeit. Wenn das Sein des Seienden offenbar wird, dann wird es als Liebe erfahrbar. Die Liebe durchdringt die ganze Wirklichkeit. Je mehr wir also in Berührung kommen mit der Wirklichkeit und ihrer Wahrheit, desto mehr geht uns die Liebe auf. Und umgekehrt: Nur die Liebe ist fähig, die eigentliche Wahrheit zu erkennen. Für den Liebenden wird der Schleier, der über allem liegt, weggezogen und das Eigentliche der Wirklichkeit, das Sein des Seienden, leuchtet auf. Die Liebe führt mich zur Wahrheit über mich selbst und zur Wahrheit des anderen. Nur wenn ich den anderen liebe, kann ich ihn wirklich erkennen. Ohne Liebe ist meine Brille verhangen, mit der ich den anderen betrachte. Die Liebe eröffnet mir die Wahrheit.

Im Griechischen steht bei der Freude über die Wahrheit das Wort „synchairei“, das Mitfreuen bedeutet. Diese Mitfreude verweist mich auf das Geschehen in der Seelsorge oder Therapie oder in jedem guten Gespräch zwischen zwei Menschen.

Der Gipfel eines guten Gespräches ist, wenn die Gesprächspartner die Wahrheit berühren und sich miteinander an der Wahrheit freuen. Wenn der Klient in seine Wahrheit kommt, wenn er den Mut findet, seiner Wirklichkeit ins Auge zu schauen, dann freut sich der Therapeut mit ihm. Er ist Zeuge von einem Geschehen, das größer ist als er selbst. Er rechnet es sich selbst nicht zugute, sondern er spürt, dass da ein Wunder geschieht, wenn Menschen ihre Wahrheit annehmen können.

Ein Therapeut meinte, manchmal würden Ehepaare, die zu ihm in die Beratung kämen, durch ihre Liebe ihre innere Wahrheit zudecken. Sie möchten nicht wahrhaben, dass ihre Beziehung zu Ende ist. Es ist sicher nicht leicht, zu entscheiden, wo die Liebe eine leer gewordene Beziehung wieder zu beleben vermag und wo wir unserer eigenen Wahrheit ausweichen und lieber ein frommes Pflaster daraufkleben, als ob die Liebe alles zu wandeln vermag. Auch hier ist es wichtig, der Liebe zu trauen, aber in der Liebe auch der Wahrheit ins Auge zu sehen. Die wahre Liebe hat dazu den Mut, auch wenn die Wahrheit bedeutet, dass die Beziehung zu Ende ist. Sie verurteilt nicht, sondern deckt die Wahrheit auf, damit sie für alle heilsam wird.

„Sie hält allem stand“

Sie erträgt alles, / glaubt alles, / hofft alles, / hält allem stand.

Die Beschreibung der Liebe schließt mit diesem prägnanten Satz, indem Paulus viermal das „panta“ – ins Deutsche übersetzt: „alles“ bzw. „allem“ –

betont. Der Neutestamentler Wolfgang Schrage spricht hier von atemberaubenden Sätzen, mit einer einzigartigen Wucht der Sprache. Ich möchte diese vier Aussagen im Einzelnen anschauen, aber immer im Bewusstsein, dass das „panta“ alle vier Aussagen miteinander verbindet.

Das griechische „Panta stegei“ kann verschieden übersetzt werden. Entweder: „Sie erträgt alles“, wie es die deutsche Einheitsübersetzung der Bibel tut, auf die ich mich beziehe. Oder aber: „Sie deckt alles zu. Sie behält alles für sich. Sie bedeckt alles mit Schweigen.“ Von der Sprache her sind beide Deutungen möglich. Und beide haben auch einen Sinn. Manche Exegeten verbinden daher auch beide Bedeutungen.

Wer von der Liebe erfüllt ist, der kann vieles aushalten und ertragen, ohne dass er sich damit überfordert. Auch hier ist keine moralisierende Forderung gemeint, dass wir unsere eigenen Gefühle und Bedürfnisse übersehen und alles ertragen sollen, was die Menschen uns zumuten. Liebe ist nicht die reine Passivität, die mit allem zufrieden ist. Dieses Ertragen würde an die stoische Forderung erinnern, alle Mühsale, die einen treffen, auszuhalten. Paulus ist durchaus der Meinung, dass die Christen in ihrem Verhalten die stoischen Forderungen zu erfüllen vermögen. Manchmal ermahnt er sie, den Menschen ein gutes Beispiel zu geben und das, was die stoische Philosophie fordert, vor allen Menschen zu leben.

Doch hier geht es um die Kraft der Liebe. Wer von der Liebe erfüllt ist, der vermag vieles zu tragen, ohne daran zu zerbrechen. Zugleich hat aber die Liebe etwas Bedeckendes an sich. Sie bedeckt alles Unerfreuliche mit dem Mantel der Liebe. Die Liebe kehrt nicht alles, was wir nicht wahrhaben wollen, unter den Teppich. Sie ist vielmehr wie ein Mantel, der das, was uns unangenehm ist, was uns zu überfordern scheint, was nackt und bloß in uns ist, was uns frieren lässt, liebevoll zudeckt. Damit nimmt die Liebe dem Negativen die Macht. Das gilt sowohl für das Unangenehme in mir selbst als auch für das Negative im anderen. Ich sehe, was in mir und was im anderen ist. Ich verdränge oder unterdrücke es nicht. Aber indem ich mit Liebe darauf schaue, decke ich es zu. Unter dem Mantel der Liebe kann das Unangenehme und Feindliche sich wandeln. Dann hat es keine Macht mehr über uns, sondern wird ein Teil von uns. Es dient uns und stärkt uns auf unserem Weg.

Das griechische Wort „stegein" erinnert auch an „Dach und Decke". Die Liebe ist wie ein Schutzdach. Sie bewahrt uns davor, dass in unser Lebenshaus Feuchtigkeit eindringt, dass sich darin negative Stimmungen festsetzen. Die Liebe ist wie ein Haus, in dem wir wohnen und uns wohl fühlen können, das uns schützt vor Eindringlingen, die uns unser Hausrecht streitig machen möchten. Wer im Haus der Liebe wohnt, der vermag auch anderen Menschen ein schützendes Dach anzubieten, unter dem sie sich geborgen wissen und Heimat erfahren.

Die Bibel erzählt uns von der Decke, mit der die Liebe die Blöße eines Menschen zudeckt. Noach hatte einen Weinberg angepflanzt und vom Wein getrunken. Er lag betrunken und nackt in seinem Zelt. Ham, sein Sohn, sah die Blöße des Vaters und erzählte davon seinen Brüdern. Er veröffentlichte die Blöße des Vaters und verurteilte sie. Die beiden anderen Söhne Noachs jedoch nahmen einen Überwurf: „Den legten sich beide auf die Schultern, gingen rückwärts und bedeckten die Blöße ihres Vaters. Sie hatten ihr Gesicht abgewandt und konnten die Blöße des Vaters nicht sehen." (Gen 9,23) Sie deckten die Nacktheit des Vaters mit Liebe zu. Als Noach von seinem Rausch erwachte, erfuhr er, was ihm sein Sohn Ham angetan hatte. Er verfluchte ihn.

Wer die Fehler eines anderen ausposaunt, schadet sich damit letztlich selbst. Wer die Fehler des anderen mit Liebe bedeckt, der verschließt seine Augen nicht vor der Wahrheit. Aber er deckt sie zu, damit nicht lieblose Menschen über die Wahrheit des anderen urteilen. Dieses Zudecken der Liebe bedeutet, nicht zu urteilen, sondern dem anderen zuzutrauen, dass er unter dem Schutz der Liebe reifen und seine Fehler ablegen kann.

Ähnlich sehen es die frühen Mönche. Vom Altvater Makarios dem Großen wird erzählt, „dass er, wie es in der Schrift heißt, ein Gott auf Erden war (Ps 82,6); denn wie Gott die Welt schützend deckt, so bedeckte Altvater Makarios die Schwächen, die er sah, als sähe er sie nicht, und was er hörte, als hörte er es nicht." (Apophthegma 485) Makarios bedeckt die Fehler und Schwächen der Mitmenschen mit dem Mantel seiner Liebe, nicht um sie zu verdrängen, sondern damit die Wunden, die sie schlagen, in der Liebe Gottes heilen.

„Sie glaubt alles" – im griechischen Originaltext: „Panta pisteuei". Die Liebe traut dem anderen alles zu. Sie hat Vertrauen in ihn. Sie schreibt ihn niemals ab. Sie glaubt an den guten Kern im anderen. Sie übersieht nicht das Böse und Verhärtete im anderen. Aber sie schaut hindurch auf den göttlichen Kern, auf die innerste Sehnsucht nach dem Guten. In jedem Menschen steckt die Sehnsucht, gut zu sein. Und der innerste Kern im Menschen ist unverletzt und gut.

Evangelische Theologen wehren sich oft gegen diese Deutung. Aber Paulus spricht vom Geist, der in uns wohnt. Und wo der Geist in uns wohnt, da sind wir heil und heilig, da sind wir gut. Die Liebe ist ja Gabe des Heiligen Geistes. Paulus kann die Liebe sogar mit dem Heiligen Geist identifizieren. So dürfen wir glauben, dass in jedem Menschen der Heilige Geist am Werk ist. Und dort, wo der Geist Gottes ist, da ist der Mensch frei von aller Versklavung an das Böse, da ist er in Berührung mit dem guten, mit dem göttlichen Kern in sich, mit dem ursprünglichen und unversehrten Bild, das Gott sich von ihm gemacht hat. Die Liebe traut dem anderen alles zu, weil sie weiß, dass Gott viele Möglichkeiten für diesen Menschen bereithält.

Für mich ist dieser Satz, „Die Liebe glaubt alles", eine Herausforderung, keinen Menschen aufzugeben. Immer wenn ich Enttäuschung erlebe, halte ich mich an diesem Satz fest. Die Enttäuschung ist auch Realität. Ich hätte nicht gedacht, dass dieser Mensch mich so verletzen könnte, dass er mein Vertrauen so missbrauchen könnte. Doch ich bleibe nicht bei der Enttäuschung stehen. Ich versuche, wider allen Schein daran zu glauben, dass im anderen die Sehnsucht ist, gut zu sein. Und ich überlege, wie ich seine Sehnsucht nach dem Guten ansprechen kann.

Dieser Satz ist auch für jede Seelsorge oder Therapie von entscheidender Bedeutung. Manchmal haben wir den Eindruck, dass dieser Mann oder diese Frau von früher Kindheit an so geschädigt ist, dass keine Heilung oder Besserung möglich ist. Wenn ich der Liebe traue, die in mir ist, dann gebe ich den Glauben an den anderen nicht auf. Dann versuche ich, mich in den anderen hinein zu meditieren. Durch seine verhärtete Schale hindurch versuche ich, das innere verletzte, aber auch das göttliche Kind in ihm zu entdecken und es liebevoll hervorzulocken. Ich vertraue darauf, dass im anderen trotz aller Verletzungen und aller Brüchigkeit ein guter und heiler Kern ist. Mit den Augen der Liebe und des Glaubens versuche ich, diesen Kern zu entdecken. Indem ich daran glaube, ermögliche ich auch dem anderen, daran zu glauben und sich selbst nicht aufzugeben. Mein Glaube ist für den anderen ein Raum, in dem langsam auch dessen eigener Glaube an sich und an das Gute in sich wachsen kann.

Sie „hofft alles" – im griechischen Originaltext: „Panta elpizei". Das deutsche Wort Hoffnung kommt von „hüpfen". Es meint eine innere Lebendigkeit. Wer hofft, der ist voller Leben. Hoffen ist etwas anderes als eine Erwartung haben. Der französische Philosoph Gabriel Marcel hat eine „Philosophie der Hoffnung" geschrieben. Darin schreibt er, dass Hoffen nicht darin besteht, eine bestimmte Erwartung zu haben. Hoffen geschieht immer in einer Beziehung der Liebe. Ich hoffe immer auf dich und für dich. Die Hoffnung ist also Ausdruck einer Liebe, die den anderen nie aufgibt. Ich kann warten, bis der gute Kern im anderen sich entfaltet, bis das Leben, das Gott ihm geschenkt hat, in ihm zur Blüte kommt.

Paulus sagt von dieser Hoffnung: „Hoffnung, die man schon erfüllt sieht, ist keine Hoffnung. Wie kann man auf etwas hoffen, das man sieht? Hoffen wir aber auf das, was wir nicht sehen, dann harren wir aus in Geduld." (Röm 8,24f) Die Hoffnung lockt das, was wir im anderen noch nicht sehen, aus ihm hervor. Wir hoffen, dass jeder Mensch heil werden kann, dass er irgendwann seiner Sehnsucht nach dem Guten, nach gelingendem Leben traut und sich auf den Weg der

Verwandlung macht. Aber oft sehen wir nichts davon. Wir sehen nur diesen kranken, verschlossenen, verbitterten Menschen. Doch die Hoffnung setzt auf das, was wir noch nicht sehen. Das Heile und Gesunde im anderen ist oft unsichtbar. Doch weil wir hoffen, vermögen wir den Menschen, der in sich gefangen ist und sich verschließt, weiter zu lieben. Denn wir hoffen, dass er seine harte Fassade aufgibt und dem Leben traut, das in ihm liegt.

Die Hoffnung bezieht sich jedoch nicht nur auf den anderen, sondern auch auf uns selbst. Ich kenne so viele Menschen, die lange Therapie gemacht haben, die einen intensiven spirituellen Weg gegangen sind und das Gefühl haben, es habe alles nichts genützt. Sie seien nicht weitergekommen. Sie hätten immer noch die gleichen Fehler, an denen sie leiden. Sie wären immer noch so empfindlich und unausgeglichen wie früher. Wenn die Liebe in mir ist, dann gebe ich die Hoffnung nie auf, dann gebe ich mich selbst nie auf. Ich hoffe auf das in mir, was ich noch nicht sehe, auf den guten Kern, auf die Möglichkeiten, die Gott mir geschenkt hat. Wenn ich an meinen Verletzungen leide, dann hoffe ich, dass meine Wunden in Perlen verwandelt werden und dass ich auf meinem inneren Weg in die einmalige Gestalt hineinwachse, die Gott mir zugedacht hat.

Bernhard Welte hat in seiner philosophischen Analyse der Liebe die enge Verbindung zur Hoffnung herausgearbeitet. Die Liebe legt den anderen nicht fest auf das, was wir äußerlich von ihm wahrnehmen. Sie dringt durch die Verdeckung und das Abweisende des anderen durch und entdeckt „unter allem Gestrüpp des verwirrten Lebens das Du … mit seinen zaghaften und sich ängstigenden und doch schönen Hoffnungen und mit den guten Möglichkeiten in diesen Hoffnungen“ (Welte 39). Die Liebe „wagt es, mit dem im Verborgenen Hoffenden herzhaft zu hoffen, auch gegen alle Hoffnung. Und eben dadurch belebt sie die zaghafte Hoffnung“ (Welte 39f). Die Philosophie bestätigt also die Aussage des heiligen Paulus, dass die Liebe alles hofft. Die Liebe kann warten, bis sich im anderen die Möglichkeiten entfalten, die in ihm bereitliegen.

Dorothee Sölle hat in ihrer Betrachtung der beiden Auffassungen von Liebe bei Bert Brecht und Max Frisch das Wesen der christlichen Liebe herausgearbeitet. Für Max Frisch heißt Liebe: sich vom anderen kein Bild machen. Damit sagt Frisch etwas Wesentliches über die Liebe aus. Doch sich kein Bild zu machen kann auch leicht in die Resignation führen. Ich lasse den anderen, wie er ist. Bert Brecht lässt in einem kurzen Text eine andere Sicht von Liebe anklingen: „Was tun Sie, wenn Sie einen Menschen lieben? Ich mache einen Entwurf von ihm, sagte Herr K., und sorge, dass er ihm ähnlich wird. Wer? Der Entwurf? Nein, sagte Herr K., der Mensch.“ (Zit. n.: Sölle 30) Hier scheint der Liebende den Menschen auf seinen Entwurf festzulegen. Dorothee Sölle meint, die Spannung zwischen diesen beiden Texten könnte nur durch Glaube und Hoffnung fruchtbar gemacht werden:

> „Liebe entwirft den anderen, ist nicht ohne Hoffnung zu denken, lässt sich aber desohneacht den Entwurf wieder aus der Hand schlagen, umwerfen. Sie verabsolutiert weder die Vergangenheit, wie es die Bildermacher tun, noch die vorausberechnete Zukunft, wie die perfekten Entwerfer. Sowenig sich lieben lässt, ohne zu hoffen, so wenig lässt sich lieben, ohne zu glauben, glau-

ben nämlich, dass mein Entwurf nicht alles ist, dass auch sein Scheitern noch nicht ein Ende der Möglichkeiten der Liebe ist." (Sölle 36)

Glaube und Hoffnung – davon ist Sölle überzeugt – hüten die Liebe. Sie schützen die Liebe davor, den Menschen auf ein Bild oder einen Entwurf festzulegen, und sie bewahren sie davor, resigniert den Menschen so zu lassen, wie er ist. Ohne Glaube und Hoffnung gibt es keine wahre Liebe.

Die hoffende Liebe ist die Bedingung für jede Form von Erziehung und Begleitung oder Therapie. Die Eltern können die Kinder nicht erziehen, wenn sie nicht auf das hoffen, was sie noch nicht sehen. Die Liebe hofft darauf, dass das Leben, das im Kind oft noch verborgen liegt, sich entfalten wird. Der Seelsorger, die Therapeutin, sie dürfen nie die Hoffnung aufgeben. Wenn sie auf das hoffen, was im anderen liegt, dann können sie warten. Es ist ein aktives und zugleich geduldiges Warten, das von der Hoffnung geprägt ist: Der andere wird gesund werden. Er wird weiterkommen auf seinem inneren und äußeren Weg. Auch hier gilt, was Gabriel Marcel von der Hoffnung gesagt hat: In der Therapie hoffen wir nicht auf irgendein Ergebnis, sondern wir hoffen für den Klienten und wir hoffen auf ihn. Die Liebe, die aus dem Glauben und aus der Hoffnung strömt, gibt den Klienten nicht auf, sondern versucht, das Gute, das in ihm steckt, aus ihm hervorzulocken, auch oft gegen den Schein der Verschlossenheit und wider alle Hoffnung.

„Panta hypomenei" – „Sie hält allem stand". Das griechische Wort kann Verschiedenes bedeuten. In Richtung auf Gott heißt „hypomenein": auf Gott warten, auf ihn harren. Dann kommt es der Hoffnung nahe. Die Christen sollen in Liebe auf Gott warten und mitten in den Anfechtungen dieser Welt nicht auf die Trübsale achten, sondern auf Gott schauen und hoffen.

In Bezug auf die Erfahrung in der Welt bedeutet „hypomenein“: stehen bleiben, standhalten, aushalten. Die Griechen denken an die Soldaten, die dem feindlichen Ansturm standhalten, die nicht davonlaufen, sondern stehen bleiben. Das Substantiv „hypomone“ wird im Deutschen oft mit „Geduld“ übersetzt. Aber das Wort „Geduld“ lässt eher an ein passives Verhalten denken. Hypomone ist jedoch etwas Aktives: das Standhalten, das Aushalten, das Tragen, die Standfestigkeit. Es ist eine mannhafte Tugend, die den männlichen Widerstand gegen die feindliche Macht im Blick hat.

Sowohl die Römer als auch Griechen schätzen diese mannhafte Geduld. Für den Politiker und Philosoph Cicero besteht sie darin, die größten Aufgaben und die größten Leiden auf sich zu nehmen, um alle Völker zu retten. (Vgl. Spanneut 243) Die Kirchenväter preisen die Tugend der Geduld. Das geduldige Aufsichnehmen von Leiden durch die frühen Christen habe das römische Volk zum Glauben bekehrt. Die Liebe läuft nicht vor Schwerem davon. Sie trägt es und hält ihm stand, weil sie auf Gott schaut und auf sein Heil hofft.

Wenn Paulus von der Liebe sagt, dass sie allem standhält, dann kann ich daraus keine Forderung erheben, Eheleute sollten alle Schwierigkeiten ertragen. Wer liebt, muss auch all die Schläge des Partners auf sich nehmen und alles Leid ertragen, das er in der Ehe erfährt. Das wäre eine passive Haltung. Paulus meint etwas anderes: Wer die Liebe in sich spürt, der ist fähig, Konflikte durchzustehen.

Er hat Stehvermögen. Liebe ist eine Kraft, die uns dazu befähigt, den Anfeindungen und aggressiven Verhaltensweisen anderer Menschen standzuhalten. Sie lässt uns nicht zurückweichen.

Es geht nicht darum, alles zu ertragen und sich nie zu wehren, auch wenn der Partner mich noch so oft und tief verletzt. Das wäre Resignation und würde in Masochismus enden. Standhalten meint vielmehr: ich lasse mich in meiner Liebe nicht unterkriegen. Ich bleibe stehen. Ich halte die Liebe dagegen. Ich hoffe, dass die Liebe stärker ist als die aggressiven Kräfte, die ich gerade beim anderen spüre. Aber zugleich muss ich mir in aller Demut zugestehen, dass ich nicht allem standhalten kann.

Die Liebe verlangt von uns nicht, dass wir daran zerbrechen. Sie überfordert uns auch nicht. Doch wenn wir bei allen Lasten, die uns auferlegt werden, mit der Liebe in uns in Berührung sind, nehmen wir die Last nicht als erdrückend wahr.

Die Anfeindung kann nicht in den inneren Raum eindringen, in dem die Liebe in uns wohnt. Dort, wo die Liebe ist, können wir bei uns selbst aushalten, ohne uns vom anderen beherrschen zu lassen. Auch wenn mich ein anderer beschimpft, lasse ich mir die Liebe nicht nehmen. Ich bleibe in ihr fest stehen. Die Liebe verleiht mir Stehvermögen. Sie ist wie ein Fels, auf dem ich sicher zu stehen vermag.

„Die Liebe hört niemals auf“

Die Liebe hört niemals auf. / Prophetisches Reden hat ein Ende, / Zungenrede verstummt, / Erkenntnis vergeht.

Denn Stückwerk ist unser Erkennen, / Stückwerk unser prophetisches Reden;
wenn aber das Vollendete kommt, / vergeht alles Stückwerk.
Als ich ein Kind war, / redete ich wie ein Kind, / dachte wie ein Kind / und urteilte wie ein Kind. / Als ich ein Mann wurde, / legte ich ab, was Kind an mir war.
Jetzt schauen wir in einen Spiegel / und sehen nur rätselhafte Umrisse, / dann aber schauen wir von Angesicht zu Angesicht. / Jetzt erkenne ich unvollkommen, / dann aber werde ich durch und durch erkennen, / so wie ich auch durch und durch erkannt worden bin.

Das griechische Wort für „aufhören" – „piptein" – kann auch „zu Fall kommen" bedeuten. Dann würde dieser Vers zu den vorhergehenden Aussagen über die Liebe gehören, die allem standhält und eben nicht zusammenbricht unter der Last des Schweren. Doch viele Exegeten übersetzen „piptein" mit aufhören. Sie beziehen diese Aussage auf die folgenden Sätze, in denen Paulus aufzeigt, dass allein die Liebe bleibt, während die beiden Gaben, die den Korinthern so wichtig sind – Erkenntnis und Prophetengabe – nicht nur aufhören, sondern vernichtet werden.

Paulus greift die seine Betrachtungen über die Liebe einleitenden Konditionalsätze wieder auf, in denen er darlegte, dass Erkenntnis und Prophetengabe ohne Liebe nichts sind. Jetzt geht es ihm darum, dass nur die Liebe bleibt. Die Liebe ist nicht nur Charisma, nicht nur Gnadengabe von Gott, sondern „Erscheinung des Ewigen in der Zeit" (Conzelmann 266), während Erkenntnis und Prophetengabe „Manifestation des Geistes in der Weise der Vorläufigkeit" (Conzelmann 266) sind. Die Gnadengaben sind uns nur als Trost geschenkt für die Zeit des Wartens auf das

Kommen Jesu. So hat es Paulus den Korinthern schon in der Einleitung zu seinem Brief geschrieben: „Das Zeugnis über Christus wurde bei euch gefestigt, so dass euch keine Gnadengabe fehlt, während ihr auf die Offenbarung Jesu Christi, unseres Herrn, wartet." (1 Kor 1,6f)

Und Paulus beschreibt den Gegensatz von Liebe und den beiden anderen Charismen noch mit einem anderen Bild: Erkenntnis und Prophetengabe sind „Stückwerk", die Liebe dagegen ist Vollendung. Erkenntnis und Prophetengabe offenbaren nur einen Aspekt von Gott. Die Liebe jedoch führt uns in Gott selbst hinein. Die Korinther sind stolz auf ihre ekstatischen Grenzerlebnisse im Zungenreden und in der Prophetengabe. Doch diese ekstatischen Erfahrungen verweisen uns zwar auf Gott, aber sie lassen uns nicht teilhaben an Gott. Das vermag nur die Liebe, die sich gerade in der Gewöhnlichkeit und Banalität unseres Alltags bewähren soll.

Indem wir mitten im Alltag aus der Liebe leben, die uns Gott schenkt, bekommen wir Anteil an Gott. Und diese Teilhabe an Gott vollendet sich, wenn Christus in seiner Herrlichkeit offenbar wird. Denn „Gott ist die Liebe", wie es im Ersten Johannesbrief heißt (1 Joh 4,16). Die Liebe bleibt auch, wenn wir in Gott vollendet werden. Sie ist nicht nur Gottes Gabe, die uns hier auf dem Weg unseres irdischen Lebens als Hilfe gegeben ist, damit der Weg gelingt. Sie ist vielmehr Gott selbst. Und Gott hört niemals auf. Er erfüllt uns im Tod auf bisher nicht mögliche Weise. Er schenkt uns die Einheit mit sich selbst und in diesem Einssein die Vollendung der Liebe. Die Liebe vollendet sich im Tod. Und sie überdauert den Tod. Sie ist stärker als der Tod. Im Tod wird sie vollkommen sein. Und alles Stückwerk und alle Brüchigkeit unserer menschlichen Existenz werden aufhören, damit Gott uns in seiner Liebe vollenden wird.

Im Anschluss daran stellt Paulus verschiedene Lebensphasen – die Zeit der Kindheit und die Zeit des Erwachsenseins – gegenüber: Als Kind dachte und redete er wie ein Kind. Als Mann hat er alles Kindische abgelegt. Diese Gegenüberstellung des Kindseins auf der einen Seite und des Erwachsenseins auf der anderen war in der Antike beliebt. Paulus ordnet „das Stückwerk" der Phase der Kindheit zu. Er will damit sagen: Alles, was wir hier auf Erden als wichtig erachten, womit wir uns großtun, ist kindisch im Vergleich mit der Vollendung, wenn wir Gott nicht mehr wie in einem Spiegel schauen, sondern von Angesicht zu Angesicht. Das Bild des Spiegels ist bei den Griechen beliebt. Für die griechischen Philosophen von Platon bis Plutarch ist der Spiegel ein Bild dafür, dass wir Gott nur indirekt zu schauen vermögen. Die Schöpfung ist gleichsam der Spiegel, in dem wir Gottes Schönheit schauen. Paulus verbindet zwei Bilder, das Bild des Spiegels und das des Rätsels.

Das Rätsel verweist auf die jüdische Theologie. Im Buch Numeri heißt es, dass Gott mit den Menschen in Visionen und Träumen redet. Allein mit Mose hat er von Angesicht zu Angesicht gesprochen. (Vgl. Num 12,6–8) Das bezieht Paulus auf unser Leben. Hier spricht Gott zu uns nur in Träumen und da nur rätselhaft. Wenn wir vollendet werden bei der Erscheinung Jesu Christi, werden wir wie Mose Gott von Angesicht zu Angesicht schauen. In dieser unverhüllten Schau Gottes vollendet sich die Liebe. Da ist die Liebe nicht nur eine Macht, die unserem Leben jetzt schon einen anderen Geschmack verleiht. Im Tod wird die Liebe auch zum vollen Erkennen Gottes. Da werden Erkennen und Lieben keine

Gegensätze mehr sein, sondern in eins fallen. Im Schauen Gottes werden wir eins mit ihm. Wir werden erkennen, dass Gott Liebe ist. Im Erkennen vollendet sich dann unsere Liebe. Wir werden eins mit der Liebe, die Gott selbst ist.

„Glaube, Hoffnung, Liebe – am größten unter ihnen ist die Liebe"

Für jetzt bleiben Glaube, Hoffnung, Liebe, diese drei; / doch am größten unter ihnen ist die Liebe.

Glaube, Hoffnung und Liebe wurden in der Geschichte zu den christlichen oder zu den spirituellen Tugenden im Unterschied zu den vier Kardinaltugenden, die Platon entfaltet hatte, die aber auch von der christlichen Theologie übernommen wurden: Gerechtigkeit, Tapferkeit, Maß und Klugheit. Die drei spirituellen Tugenden hängen eng miteinander zusammen. Es gibt keine Liebe ohne Glauben. Ich muss an das Gute im anderen glauben, damit ich gut mit ihm umgehen kann. Ohne Glauben würde Liebe zu einer Überforderung. Und es gibt keine Liebe ohne Hoffnung. Die Liebe ist immer auch Hoffnung. Paulus selbst hat diese Trias von Glaube, Hoffnung und Liebe auch an anderen Stellen bezeugt, so im Ersten Brief an die Thessalonicher: „Unablässig erinnern wir uns vor Gott, unserem Vater, an das Werk eures Glaubens, an die Opferbereitschaft eurer Liebe und an die Standhaftigkeit eurer Hoffnung auf Jesus Christus, unseren Herrn." (1 Thess 1,3) Und wenig später spricht er vom „Panzer des Glaubens und der Liebe", den wir anziehen sollen, und vom „Helm der Hoffnung auf das Heil" (1 Thess 5,8). Glaube, Hoffnung und Liebe gehören also eng zusammen. Sie beschreiben das Wesen der christlichen Existenz.

Die Kirchenväter haben immer wieder über diesen Vers nachgedacht. Ihnen war vor allem ein Problem, wie weit Glaube und Hoffnung in der Vollendung noch bleiben. Denn nach Paulus selbst wird die Hoffnung durch die Erfüllung abgelöst (vgl. Röm 8,24) und der Glaube durch das Schauen (vgl. 2 Kor 5,7). Clemens von Alexandrien meint, in der Schau Gottes würden der Glaube und die Hoffnung vergehen und allein die Liebe bleiben, in der wir eins werden mit Gott. Augustinus dagegen löst diese Spannung zwischen der bleibenden Liebe, die immer bleibt, und dem Glauben und der Hoffnung, die in der Schau Gottes nach Meinung der meisten Kirchenväter vergehen, so, dass Glaube und Hoffnung in der Liebe eingeschlossen sind. Die Liebe trägt und vollendet in sich Glaube und Hoffnung. Hans-Josef Klauck antwortet auf diese Frage nach dem Verhältnis von Glaube, Hoffnung und Liebe,

> „dass nur die Liebe gänzlich unverändert die Zeiten überspannt, weil nur sie von Gott selbst ausgesagt werden kann. Sie ist die bleibende Definition der wesensmäßigen Beziehung zwischen Gott, Christus, dem Pneuma und den Menschen, für die Jetztzeit und für die Ewigkeit (vgl. 1 Joh 4,16)". (Klauck 98)

Wie immer man diese theologische Frage beantworten mag, entscheidend ist für mich, dass die Liebe für Paulus das Höchste ist, dass sie letztlich auch den Glauben und die Hoffnung vollendet. Jetzt in dieser Zeit gehören diese drei zusammen: Glaube, Hoffnung und Liebe. Im Tod werden alle drei eins in der Liebe, die uns für immer mit Gott vereint, dem Urgrund aller Liebe, der seinem Wesen nach Liebe ist. Dann wird alles Liebe sein und wir in der Liebe.

Ich habe versucht, die wichtigsten Aussagen dieses wunderbaren Liedes über die Liebe zu erklären und in unser Leben zu übersetzen. Doch bei aller Auslegung müssen wir immer wieder bekennen, dass uns der Text oft genug fremd erscheint. Er behält sein Geheimnis für sich. Er lässt sich nicht völlig entschlüsseln. Doch gerade das Geheimnis dieser Worte regt uns an, immer neu über sie nachzudenken und uns sie hineinzuversenken. Wir sind nie zu Ende mit diesem Text. Gott selbst spricht letztlich zu uns in den Worten, die Paulus an die Gemeinde in Korinth geschrieben hat. Der Apostel hat diese Verse im Anschluss an die griechische Philosophie und an die jüdische Theologie verfasst; gleichzeitig wird der Text aber auch von seiner eigenen Erfahrung mit Gottes Liebe getragen. Es sind nicht einfach so dahin gesagte Worte. Sie sind in eine wunderbare Form gegossen. Und sie wollen immer wieder meditiert und im Blick auf unsere konkreten Erfahrungen mit der Liebe gedeutet werden. Dann öffnen uns die Worte den Blick für die Liebe, die uns im Leben begegnet. Und die Erfahrungen, die wir mit der Liebe machen, schließen uns den Sinn der Worte auf.

Im Folgenden möchte ich das 13. Kapitel des Ersten Korintherbriefes auch aus anderen Perspektiven näher beleuchten. Ich beginne mit dem Hohelied der Liebe, das uns das Alte Testament geschenkt hat, und werfe dann noch einen Blick auf die Philosophie, auf die Psychologie und auf die Erfahrungen der Eheberatung mit diesem Text.

Das Hohelied im Alten Testament

Während Paulus die Agape als die Liebe preist, die Gott dem Menschen als Gnadengabe geschenkt hat, zielen die Lieder im Hohelied des Alten Testaments eindeutig auf die Liebe zwischen Mann und Frau, und zwar nicht nur auf die Liebe zwischen Braut und Bräutigam, sondern auch auf die freie Liebe zwischen Freund und Freundin. Das Hohelied des Alten Testaments ist eine Sammlung von wunderbaren Liebesliedern. Sie sind kunstvolle Dichtung. Da finden sich neckische Locklieder, in denen der Bräutigam die Braut lockt, ihm zu folgen. Da gibt es Gesänge, in denen der Freund die Schönheit der Freundin preist oder die Freundin den schönen und kraftvollen Körper des Freundes beschreibt. Da gibt es Wechselgespräche und Lieder voller Beschwörungen und Sehnsüchte. In all diesen Versen kommt zum Ausdruck, dass die erotische und sexuelle Liebe zwischen Mann und Frau eine übermächtige Kraft ist und zugleich eine wunderbare Gabe, die Gott dem Menschen geschenkt hat und die der Mensch in vollen Zügen genießen darf. Die Liebe zwischen Mann und Frau trägt ihren Sinn in sich selbst. Sie erfüllt die Liebenden mit Sehnsucht und mit Glück. Diese Lieder sind frei von moralischer Bewertung oder gar ängstlicher Moralisierung der Sexualität. Da gehören Liebe und Sexualität innerlich zusammen. Die Freude über die Sexualität ist zugleich Ausdruck der Liebe, die Mann und Frau bezaubern.

Wenn wir die wunderbaren Gedichte hören, wird in uns die Sehnsucht nach Liebe entfacht. Wir spüren die Liebe in uns selbst, wenn die Braut sagt: „Stört die Liebe nicht auf, weckt sie nicht, bis es ihr selbst gefällt." (Hld 2,7) Oder wenn der Bräutigam sagt: „Steh auf, meine Freundin, meine Schöne, so komm doch! Denn vorbei ist der Winter, verrauscht der Regen. Auf der Flur erscheinen die Blumen; die Zeit zum Singen ist da." (Hld 2,10–12) Das können sich Verliebte auch heute zurufen und damit ihrer Liebe Ausdruck verleihen. Ein Mann kann seine Liebe zu seiner Frau kaum schöner ausdrücken als mit den Worten:

> „Verzaubert hast du mich, meine Schwester Braut; ja verzaubert mit einem Blick deiner Augen, mit einer Perle deiner Halskette. Wie schön ist deine Liebe, meine Schwester Braut; wie viel süßer ist deine Liebe als Wein, der Duft deiner Salben köstlicher als alle Balsamdüfte." (Hld 4,9f)

Und die Braut kann kaum angemessenere Worte für ihre Liebe finden als: „Ich bin krank vor Liebe." (Hld 5,8) Oder: „Ich gehöre meinem Geliebten, und ihn verlangt nach mir. Komm, mein Geliebter, wandern wir auf das Land, schlafen wir in den Dörfern." (Hld 7,11f) Kann eine Frau schönere Worte finden für ihre Liebe als das Sehnsuchtslied eines Mädchens:

> „Leg mich wie ein Siegel auf dein Herz, wie ein Siegel an deinen Arm! Stark wie der Tod ist die Liebe, die Leidenschaft ist hart wie die Unterwelt. Ihre Gluten sind Feuergluten, gewaltige Flammen. Auch mächtige Wasser können die Liebe nicht löschen; auch Ströme schwemmen sie nicht

> weg. Böte einer für die Liebe den ganzen Reichtum seines Hauses, nur verachten würde man ihn.“ (Hld 8,6f)

Als ich einem evangelischen Pfarrer die Liebeslieder des Hoheliedes zur Meditation gab, um in ihrem Licht seine eigene Ehe zu betrachten, da bekannte er, dass er noch nie in seinem Leben diese Lieder auf seine eigene Liebe zu seiner Frau bezogen habe. Die Meditation hat ihm gut getan. Sie hat ihm die Tiefe seiner eigenen Liebeserfahrung in Worten ausgedrückt, wie er sie schöner von sich aus gar nicht hätte erfinden können. Manche Verliebte greifen zu diesen Worten, um mit ihnen ihre Liebe zu bekunden. Und sie sind oft verzückt über diese wunderbar zärtlichen Bilder, mit denen die Bibel die Liebe zwischen Mann und Frau beschreibt.

Die Lieder preisen die Liebe nicht nur überschwänglich. Sie sprechen auch von den Gefahren der Liebe. Sie sind realistisch. Sie kennen die Gefährdungen der Liebe zwischen Freund und Freundin, zwischen Mann und Frau. Da heißt es: „Fangt uns die Füchse, die kleinen Füchse! Sie verwüsten die Weinberge, unsere blühenden Reben.“ (Hld 2,15) Füchse stehen in Ägypten für minderwertige Liebhaber, für Schürzenjäger. Vor ihnen soll die Liebe geschützt werden. Aber kleine Füchse, die den Weinberg durchwühlen und die Mauern des Weinbergs untergraben, sind auch ein Symbol für die Gefühle der Eifersucht, des Gekränktseins, des Beherrschenwollens, die die Liebe gefährden. Immer wenn Enttäuschungen oder Verletzungen nicht wahrgenommen, sondern geschluckt werden, werden sie zu Füchsen, die dem Weinberg der Liebe schaden. Es sind kleine Füchse. Am Anfang merkt man sie gar nicht. Doch wenn die Liebenden nicht aufpassen, wenn sie nicht über ihre Gefühle sprechen, dann ist ihr Weinberg der Liebe auf einmal verwüstet. Die Mauern tragen nicht mehr. Alles an ihrer Liebe ist von den kleinen Füchsen durchwühlt.

Ein anderes Bild für die Bedrohung der Liebe sind die schnippischen Hirten, die dem liebenden Mädchen auf ihre Frage nach dem Geliebten antworten. (Vgl. Hld 1,7) Für Lorenz Wachinger sind diese schnippischen Hirten ein Bild für die Gefährdung der Liebe durch „Neid und Missgunst, Schadenfreude von Dritten" (Wachinger, Ehe 164). Die Liebenden müssen wachen über ihre Liebe. Sonst schleichen sich andere zwischen sie und halten sie voneinander ab. Da sagt ein Bekannter etwas Negatives über die Freundin oder die Ehefrau. Auch wenn ich mich dagegen wehre, nagt das Wort in mir. Und auf einmal sehe ich die Freundin mit der negativen Brille des anderen. Worte von Dritten können die Liebe zerstören.

Und noch eine Not der Liebe wird angesprochen: die Gefühle von Braut und Bräutigam sind nicht immer gleichzeitig, sondern oft genug phasenverschoben. Die Braut öffnet die Tür für ihren Geliebten. Sie möchte ihn gerne einlassen:

> „Doch der Geliebte war weg, verschwunden. Mir stockte der Atem: er war weg. Ich suchte ihn, ich fand ihn nicht. Ich rief ihn, er antwortete nicht. Da fanden mich die Wächter bei ihrer Runde durch die Stadt; sie schlugen, sie verletzten mich. Den Mantel entrissen sie mir, die Wächter der Mauern." (Hld 5,6f)

Gerade dann, wenn die Frau der Liebe des Mannes bedarf, ist er nicht da. Wenn sie ihn braucht, ist er innerlich abwesend. Wenn sie mit ihm sprechen will, hat er keine Lust, weil er noch mit seiner Arbeit beschäftigt ist. Und wenn sie ihn sucht, stößt sie auf die Wächter der Stadt. Das Lied meint dabei die Wächter, die nachts durch die Stadt streifen, um für Ruhe und Ordnung zu sorgen. Sie gehen recht brutal mit der liebeskranken Freundin um. Doch auf unser Leben übertragen können die Wächter ein Bild sein für die inneren Maßstäbe, die uns immer wieder im Weg stehen, wenn wir uns der Liebe hingeben. Da melden sich in uns die Maßstäbe der Eltern, die mit unserem Verlangen nicht übereinstimmen. Wir wissen nicht, ob unsere Liebe stimmt oder nicht, ob wir uns ihr hingeben dürfen oder ob wir sie begrenzen müssen durch die Normen, die sich in unserem Inneren äußern. Oft genug sind diese verinnerlichten Normen lieblos. Sie nehmen keine Rücksicht auf unsere Sehnsucht nach Liebe, sondern ordnen uns in ein System ein, das unsere Liebe behindert.

Die Liebeslieder sind nicht einfach nur Beschreibungen der Liebe zwischen Mann und Frau. Sie sind voller Bilder. Die Bilder schöpft das Hohelied aus den Liebesliedern Ägyptens, Syriens, Mesopotamiens und Palästinas. Dabei werden Attribute vorderasiatischer Liebesgöttinnen für die Beschreibung der Braut herangezogen. Wenn ihr Hals wie ein Turm beschrieben wird, dann ist damit nicht nur die äußere Gestalt des Halses gemeint. Vielmehr geht es um die Uneinnehmbarkeit der Braut. Oder wenn sie als verschlossener Garten, als versiegelter Quell beschrieben wird, dann geht es um die Unerreichbarkeit der Frau. Auf der einen Seite kommt da ein Geheimnis zwischen Mann und Frau zum Ausdruck, dass der Mann die Frau nicht einfach erobern kann, sondern dass er sich ihr behutsam nähern soll. Auf der anderen Seite bekommt die Frau hier quasi göttliche Attribute. Sie wird wie eine Liebesgöttin beschrieben.

Diese metaphorische Sprache, die den Liedern innewohnt, hat dazu geführt, dass schon die Juden diesen Text metaphorisch gedeutet haben, und zwar als Metapher der Liebe zwischen Jahwe und Israel. Es gab bei den Juden einen Streit, ob man dieses Buch überhaupt in den Kanon aufnehmen solle. Das Buch entstammt vermutlich den Kreisen der Weisheit und ist etwa um 300 vor Christus entstanden. Zunächst war es sicher ein Preislied auf die erotische und sexuelle Liebe zwischen Mann und Frau. Doch vermutlich schon um das Jahr 100 haben Juden an dieser rein menschlichen Sicht Anstoß genommen und haben die Lieder als Beschreibung der Liebe zwischen Gott und seinem Volk verstanden. Auf diese Weise haben sie es in den Kanon aufgenommen und als Festrolle beim Paschafest verwendet. Und so wurde es hochgeschätzt. Rabbi Akiba sagt vom Hohelied: „Alle Zeiten sind nicht dem Tage ebenbürtig, an dem Israel das Hohelied verliehen wurde; denn alle Schriften (des Kanons) sind heilig, aber das Hohelied ist das heiligste von allen.“ (Lapide 24) Pinchas de Lapide führt sechs verschiedene Weisen an, wie Juden in der Geschichte – auch unter dem Einfluss griechischer Philosophie – das Hohelied ausgelegt haben:

> „1. Als Hochzeitslied zweier Menschen, die die Liebe beflügelt; 2. Als Sehnsuchtslied der Seele, die zu Gott emporsteigen will; 3. Als Liebeslied Israels, dessen Begehren auf Gott gerichtet ist; 4. Als Gleichnis aller Entzweiung auf Erden, die

ihre Heilung in der Einswerdung sucht; 5. Als Zwiegespräch zwischen Leib und Seele, die den Weg zur vollen Synthese erstreben; 6. Als messianischer Gesang des Erlösers und seiner Heilsgemeinde.“ (Lapide 23)

Die Kirche hat das Hohelied schon seit Origenes – also schon kurz nach 200 nach Christus – allegorisch ausgelegt, als Beschreibung der Liebe zwischen Christus und der Kirche und zwischen Christus und der Einzelseele. In der Tradition des Origenes haben dann zahlreiche Kirchenväter und geistliche Schriftsteller – von Gregor dem Großen bis zu Bernhard von Clairvaux – das Hohelied mystisch ausgelegt als Beschreibung des mystischen Einswerdens zwischen Gott und der menschlichen Seele. Im Mittelalter entstand dann noch eine andere Deutung: Man hat die Lieder marianisch ausgelegt, als Beschreibung der Liebe zwischen Maria und ihrem Sohn Jesus. Diese Deutung hat dann vor allem die Liturgie übernommen. Noch heute werden an Marienfesten häufig Texte aus dem Hohelied vorgelesen oder in den Gesängen verwendet.

Mag bei der allegorischen Auslegung manchmal auch die Angst vor der erotischen Dimension dieser Lieder mit beteiligt gewesen sein, für mich zeigt sich darin doch auch etwas Wesentliches vom Geheimnis der Liebe. Die Liebe zwischen Mann und Frau hat eine Tiefendimension, die durch die rein psychologische Beschreibung nicht ausgelotet wird. In der erotischen und sexuellen Liebe zwischen Mann und Frau spielt immer auch die Ahnung von einem Einswerden mit dem Grund des Seins mit. Letztlich steckt in der Liebe zwischen Mann und Frau immer auch – wie der Eheberater Hans Jellouscheck sagt –

ein Transzendenzpotenzial. Sie ist offen für die Liebe, die größer ist als die Liebenden. Sie ist offen für die göttliche Liebe.

Die Kirchenväter, die das Hohelied allegorisch ausgelegt haben, haben die erotischen Bilder als die treffendste Beschreibung unserer Beziehung zu Gott gesehen. Für sie war die Liebe immer auch offen für Gott. Von Johannes vom Kreuz, dem spanischen Mystiker, wird erzählt, dass er sich auf dem Sterbebett das Hohelied vorlesen ließ. Er wollte also keine Bußpsalmen hören, sondern diese wunderbare Liebeslyrik des Hoheliedes. Für ihn war das die treffendste Beschreibung dessen, was ihn im Tod erwartete. Im Tod, so hoffte er, würde er eins werden mit Jesus Christus. Und in diesem Einswerden wird seine Sehnsucht nach Liebe erfüllt, die in den Liedern des Hoheliedes zum Ausdruck kommt.

Dabei hat sowohl Origenes als auch Johannes vom Kreuz um die wörtliche Bedeutung dieser Lieder gewusst. Johannes hat beides in einem gesehen. Er hat die Erotik dieser Lieder nicht übersprungen, sondern sie meditiert und im Meditieren zugleich das Geheimnis der Liebe zu Gott gespürt. Dabei gibt es eben beide Wege: Die einen, die die sexuelle Liebe zwischen Mann und Frau körperlich leben, spüren in der Erfahrung dieser Liebe die Öffnung für das Geheimnis der göttlichen Liebe. Sie erfahren im Einswerden mit dem anderen zugleich das Einswerden mit der ganzen Welt und letztlich auch mit Gott, dem Urgrund der Welt. Und es gibt den ehelosen Weg, den Weg, auf die körperliche Liebe zu verzichten, um die erotische Dimension, die in jeder Liebe steckt, und die Sehnsucht, die in der Sexualität verborgen ist, auf Gott zu lenken. Beide Wege sind möglich. Auf beiden Wegen kann man der Erotik und der Sexualität und dem Leibhaften der Liebe nicht aus dem Weg gehen. Auf beiden Wegen aber geht es auch darum, das Körperliche als Symbol für das Geistige zu sehen und mit der Sehnsucht des ganzen Leibes Gott zu lieben, der allein unsere tiefste Sehnsucht nach Liebe für immer zu erfüllen vermag. Aber auch die Liebe zu Gott braucht das Sinnliche und Ekstatische, wie es in den wunderbaren Liebesliedern anklingt.

Paulus beschreibt die Macht der Liebe, die Gott im Heiligen Geist dem Menschen geschenkt hat. Diese Liebe drückt sich in der Liebe zwischen Mann und Frau, zwischen Freunden, als Liebe zum Nächsten, als Selbstliebe und als Liebe zu Gott aus. Das Hohelied des Alten Testaments geht einen anderen Weg. Es geht von der sexuellen Liebe zwischen Mann und Frau aus und öffnet sie für die Liebe zu Gott und für die Liebe, die dem Menschen von Gott geschenkt wurde und die der Grund der ganzen Schöpfung ist. Wenn wir die Aussagen des heiligen Paulus im Licht der Liebeslieder des Alten Testaments sehen, dann ist es durchaus legitim, sie auch auf die Liebe zwischen Mann und Frau zu beziehen. Die Liebe zwischen Mann und Frau ist ein Ort, an dem die Gnadengabe der Liebe, die Gott uns in Jesus Christus geschenkt hat, erfahren werden kann. Aber wichtig ist, dass wir – ganz gleich, von welchem Ausgangspunkt wir ausgehen – jede Erfahrung von Liebe immer auch öffnen auf die göttliche Liebe, die der Grund auch der sexuellen Liebe ist.

Das Hohelied der Liebe und die Philosophie

Wenn wir das Hohelied der Liebe, das Paulus im Ersten Korintherbrief gesungen hat, in einen philosophischen Bezugsrahmen setzen und dann neu betrachten, erscheinen manche Sätze des Apostels in einem neuen Licht. Wir verlassen dann das innertheologische Gespräch, das die meisten Exegeten führen, und blicken tiefer in das Geheimnis der Liebe hinein. Paulus kannte die griechische Philosophie. Platon, der größte der griechischen Philosophen und letztlich der Grund, aus dem auch die übrige Philosophie sich nährt, hat ausführlich über die Liebe, den Eros, geschrieben. Im „Phaidros" lässt er fünf große Reden von fünf verschiedenen Männern über den Eros halten. Darin spiegelt sich die Vielfalt der Liebe wider. Man kann nicht von einem Gesichtspunkt allein auf das Geheimnis der Liebe schauen. In einer Rede wird der Eros als der älteste der Götter gepriesen. Der Eros ist gut und die Ursache für alles Gute in der Welt. In der dritten Rede sieht Eryximachos den Eros gleichsam als kosmische Kraft. Der Eros bezieht sich nicht nur auf die Liebe zwischen Mann und Frau, sondern er durchdringt die ganze belebte und unbelebte Natur und ruft in allem Harmonie hervor. Die Liebe ist das Seinsgesetz. Sie führt alles zusammen und möchte alle Gegensätze des Lebens, sei es in der belebten oder unbelebten Natur, in der Ökonomie, in der Kunst oder in der Gymnastik, zum Einklang, zur Harmonie bringen.

Aristophanes sieht in der Liebe die Seinsstruktur des Menschen. Er erzählt den Mythos, dass ursprünglich Mann und Frau kugelförmig zusammen ein Wesen bildeten. Da Zeus Angst hatte, diese Übermenschen könnten den Göttern gefährlich werden, ließ er sie auseinanderschneiden. Daraus entstand der Eros als die Sehnsucht der einen Hälfte nach ihrer ursprünglichen anderen Hälfte. Platon deutet nun diesen Mythos so, dass die Liebe vom Ursprung her zum Menschen gehört. „Begegnet er seiner ursprünglichen Hälfte in glücklicher Liebe, so begegnet er seinem eigenen Selbst und bejaht es." (Hirschberger 34) Die Liebe führt den Menschen also zu seinem wahren Selbst.

Was Platon selbst über den Eros denkt, entfaltet er in der Rede, die Sokrates hält. Für Sokrates ist Eros kein Gott, sondern ein Mittelwesen zwischen Gott und Mensch. Die Liebe will den Menschen mit dem Guten in Berührung bringen. Und der Eros ist die Kraft, die das Schöne zeugt. Die Menschen tragen im Eros eine Zeugungskraft in sich, sowohl dem Körper als auch der Seele nach. Die Zeugungskraft des Körpers vereinigt sich mit dem Körper der Frau und zeugt so immer wieder ein Neues. Dadurch hat der sterbliche Mensch Anteil am Unsterblichen. Aber auch die Seele zeugt Erkenntnis und geistige Werte. Dichter, Künstler und Philosophen geht es nicht mehr nur um die Schönheit einzelner Körper, sondern um die Schau der Schönheit an sich. Die Liebe steigt von der Konkretheit der schönen Körper zum Urschönen auf, das allen Dingen zugrunde liegt. Das höchste Glück des Menschen besteht darin, das Urschöne zu schauen. Und wenn der Mensch durch die Liebe das Schöne an sich schaut, entsteht auch wahre Tugend. „Erzeugt man nun die wahre Tugend und lässt sie sich weiter entwickeln, dann ist es dem Menschen beschieden, ein gottgeliebter zu werden und der Unsterblichkeit teilhaftig, wenn anders sie überhaupt einem Menschen zuteil wird." Die Liebe ist für Platon der Schlüssel zum Sinn des Lebens und zum Ursprung der Welt. Der Mensch weiß in seiner Seele schon von der Kraft der Liebe, ehe er sie erfahren hat. Sie liegt gleichsam als Urkraft im Menschen bereit.

Wenn wir diese Gedanken Platons mit dem Hohelied der Liebe bei Paulus vergleichen, so erkennen wir, dass es Paulus natürlich auch um das konkrete Verhalten der Liebe geht, dass er aber Liebe als eine Kraft versteht, die von Gott kommt, ja die selbst göttlich ist; der Mensch hat durch die Liebe teil an Gott. Zudem möchte Paulus mit seinem Lob auf die Liebe die Urahnung, die jeder Mensch in seiner Seele von der Liebe in sich trägt, ansprechen, damit sie durch seine Worte auf dem Grund der Seele geweckt wird. Dieses Aufwecken der Liebe soll dazu führen, dass der Mensch nun auch seinem wahren Wesen entsprechend lebt.

Paulus sieht die Liebe jedoch nicht einfach nur vom Wesen des Menschen her begründet, wie es die griechische Philosophie tut. Vielmehr ist die Liebe für ihn zugleich und vor allem eine Gabe Gottes. Sie ist durch den Heiligen Geist in unser Herz ausgegossen. Und diese Liebe, die in uns ist, muss sich nun auch konkret ausdrücken: Die Liebe als der Urgrund allen Seins zeigt sich in der Liebe zwischen Mann und Frau, in der Liebe zu uns selbst, in der Liebe zum Nächsten und in der Liebe, die Gott uns erweist, und in unserer Liebe zu Gott. Indem wir diese verschiedenen Weisen der Liebe erfahren und üben, haben wir teil am Grund der

Liebe, kommen wir zu unserem wahren Selbst und erahnen Gott als die Quelle aller Liebe.

Plotin, der größte platonische Philosoph, hat 200 Jahre nach Paulus die Gedanken Platons weitergeführt. Er spricht davon, dass der Eros sich in uns angesichts des Schönen entzündet. Das absolut Schöne liebt sich selbst. Gott ist in sich Liebe im reinen Glanz. In der Liebe begegnen sich die Liebenden gleichsam in Gott. „Nicht als ob sie in ihrem An-sich selbst göttlich wären, sondern weil sie mit ihrer Herkunft am Göttlichen teilhaben, so wie das Abbild am Urbild teilhat." (Hirschberger 42) Der göttliche Funke der Liebe steckt in jeder menschlichen Liebe, selbst wenn diese Liebe rein sexuell ist oder wenn diese Liebe vermischt ist mit Besitzansprüchen und Gier. Es kommt darauf an, dass dieser göttliche Funke der Liebe in unseren konkreten Weisen des Liebens immer wieder neu entzündet wird. Unsere Erfahrung von Liebe ist manchmal verzaubernd. Dann haben wir den Eindruck, dass wir durch die Liebe in Gott hineingeraten, dass die Liebe uns vergöttlicht. Aber dann müssen wir immer wieder auch schmerzlich erleben, dass die Liebe uns verletzt, dass sie uns zwischen den Fingern zerrinnt oder dass sie sich vermischt mit anderen Gefühlen wie Aggression, Kontrollierenwollen, Festklammern oder gar mit Hass und Rache. Auch in diesen Fehlformen der Liebe ist noch der göttliche Funke der Urliebe.

Wenn wir die paulinischen Aussagen auf dem Hintergrund der platonischen und plotinischen Gedanken anschauen, dann wird für mich deutlich: Paulus hält uns keine moralisierende Ansprache, dass wir lieben und dabei nie an uns und unsere Bedürfnisse denken sollen. Vielmehr schildert er uns das Geheimnis der göttlichen Liebe, die uns im Heiligen Geist zuteil geworden ist, damit wir in unseren alltäglichen Formen der Liebe diese göttliche Liebe als den eigentlichen Grund entdecken. Und wenn wir durch unsere oft so bescheidene und armselige Liebe hindurch diesen göttlichen Urgrund der Liebe entdecken, dann bekommt unser Leben eine neue Qualität. Dann erkennen wir auch in der Schwachheit unserer Liebe die göttliche Kraft der Liebe, die alles trägt und alles glaubt und alles hofft und allem standhält. Johannes Hirschberger schließt seine Gedanken über den platonischen Eros mit Worten, die uns auch die paulinischen Aussagen in ein neues Licht tauchen:

> „Was also ist platonischer Eros? Er ist dieser göttliche Funke in uns und in der Welt. Er kann unser ganzes Lieben und Wollen durch die Wirrungen der Zeitlichkeit zu einem ewigen Ziel führen und die Welt beseelen als das desiderium collium aeternorum (Sehnsucht nach den ewigen Hügeln)." (Hirschberger 45)

Gott hat die Liebe in unser Herz gesenkt. In dieser Liebe berühren wir Gott. In ihr haben wir mitten in der Welt teil an der ewigen Liebe Gottes. Und in der Liebe hat Gott die Sehnsucht in unser Herz geschrieben, die nicht eher Ruhe gibt, bis sie Ruhe findet in Gott.

Die Kirchenväter haben versucht, die Philosophie der Liebe mit den Aussagen des heiligen Paulus über die Liebe miteinander zu verbinden und zu versöhnen. Sie werden nicht müde, über das Geheimnis der Liebe nachzudenken. Uns sind manche ihrer Überlegungen fremd. Ich möchte nur einen Gedanken des heiligen Augustinus herausgreifen. Er geht davon aus, dass

Gott die Liebe als Verlangen nach sich selbst in die menschliche Seele gelegt hat. „Liebe nenne ich die Bewegung der Seele, sich an Gott um seiner selbst willen zu erfreuen." Augustinus versteht die Liebe wie ein Haus, in dem wir wohnen können, aber auch als eine Kraft, die uns bewohnt: „habita ed inhabitaberis, mane, ed manebitur in te – Wohne, nämlich in der Liebe, und du wirst entdecken, dass du bewohnt wirst, weile in der Liebe und du wirst finden, dass geweilt wird in dir." (Welte 23f)

Die Liebe ist wie ein Wunder in der Härte und Nüchternheit unserer Welt. Und sie kennt keine Zeit. Sie ist „wie ein zeitloser, ein ewiger Augenblick, wie ein Blick der Ewigkeit, mag er auch von außen in die Grenzen der endlichen Zeit gespannt sein" (Welte 25). Augustinus hat dieses Geheimnis der Liebe in die wunderbaren Worte gefasst: „Quo nisi deo plenus est qui plenus est dilectione? – Wessen, wenn nicht Gottes voll ist, der voll ist der Liebe?" (Welte 25) So verbindet die Liebe nicht nur das Ich mit dem Du, sondern den Menschen letztlich mit Gott. In der Liebe wird „der Einklang mit aller Welt und der Einklang des Irdischen und des überirdisch-göttlichen Lebens" (Welte 26) erfahrbar.

Der Theologe und Philosoph Bernhard Welte hat diese Gedanken des heiligen Augustinus in seiner Philosophie der Liebe noch weitergeführt. Für ihn wird die Liebe in mir hervorgerufen durch das Liebenswerte, das im Du selbst liegt. In der Liebe wird das Liebenswerte des Du sichtbar. Es leuchtet in ihr auf und kommt zur Erscheinung. Das Liebenswerte ist immer auch das Schöne und das Gute, das im anderen ist und in der Liebe zum Vorschein kommt. Es ist nicht unser Schönheitsideal, sondern „jene Schönheit also, kraft derer das Auge des Geliebten schön ist für den Liebenden, weil das geliebte Du leibhaft aus ihm leuchtet“ (Welte 30). Wir wissen natürlich, dass der andere nicht nur gut ist. Aber in der Liebe scheint das Gute in ihm auf. Wir können im anderen nicht den Mangel an Gutem lieben. Doch „die Liebe vermag es, die verborgenen und versteckten Möglichkeiten und Hoffnungen hinter einem noch so sehr verdunkelten Du zu entdecken“ (Welte 35f).

Diese Liebe, die Gott in unser Herz gelegt hat, drückt sich in jeder menschlichen Erfahrungen von Liebe aus. Sie ist aber zugleich der Grund aller zwischenmenschlichen Liebe. Wenn wir die Erfahrung, die hinter dieser Aussage steht, zu entdecken suchen, so stoßen wir wieder auf die Aussagen des heiligen Paulus: In allen menschlichen Erfahrungen von Liebe, ob sie nun eine begehrliche Liebe, eine freundschaftliche oder eine reine Liebe sind, ist der tiefste Grund der Liebe mit gegenwärtig, die Liebe, die Gottes Gabe an uns ist. Diese Liebe ist aber nicht nur in das menschliche Herz gesenkt, sondern in den Kosmos. Die Liebe ist gleichsam das Strukturprinzip allen Seins. Gott hat die Liebe in die Schöpfung gelegt. Und so kann uns diese Liebe auch in der Schöpfung entgegenkommen. Für viele ist das eine wichtige Erfahrung geworden. Sie haben das Gefühl, dass sie in der Natur etwas von Gottes Liebe spüren. Es ist eine Liebe, die nicht bewertet, sondern die sie bedingungslos sein lässt, und eine Liebe, die sie mit Leben und Zärtlichkeit durchdringt.

Paul Tillich hat als evangelischer Theologe versucht, die philosophischen und psychologischen Aussagen über die Liebe in die Theologie zu integrieren. Für ihn ist die Liebe der „Drang zur Wiedervereinigung des Getrennten“, das „Verlangen nach der Einheit des Getrennten“. Auch er sieht die Liebe als

Grundlage allen Seins. Gott hat das Sein nicht nur aus Liebe geschaffen, er hat es auch mit Liebe durchdrungen. Paul Tillich unterscheidet auch die verschiedenen Formen der Liebe. Zu Eros, Philia und Agape zählt er noch die Libido, um Sigmund Freuds Begriff von Liebe aufzugreifen. Allerdings versteht er die Libido nicht in erster Linie als Luststreben, sondern „als Streben zur Überwindung eines Mangels, als natürlichen Trieb ‚zu vitaler Selbsterfüllung'" (zit. n.: Meckenstock 168). Tillich meint nun, in allen Formen der Liebe sei die Agape anwesend. Die Agape sei „die Tiefendimension der Liebe".

All diese philosophischen Versuche, das Geheimnis der Liebe zu verstehen, wollen uns sensibel machen für das, was Paulus im Hohelied der Liebe beschrieben hat. In allen konkreten Formen unserer oft so brüchigen Liebe ist die göttliche Liebe anwesend. Und so ist die Erfahrung der Liebe zwischen Mann und Frau, zwischen zwei Freunden, zwischen Eltern und Kindern und die Erfahrung der Liebe in Natur, Musik und Dichtung immer ein Teil der mystischen Erfahrung von Liebe überhaupt. Jede Liebe verweist uns auf die Macht der Liebe, die in uns ist, die Gott mit der Schöpfung in unser Herz gesenkt hat, die er nun im Heiligen Geist als Gnadengabe den Christen auf neue Weise geschenkt hat. Daher will uns Paulus letztlich dahin führen, bei allen Erfahrungen, die wir mit der Liebe machen, immer wieder auf den Grund zu gehen und uns dankbar bewusst zu werden, dass Gott selbst seine Liebe in unser Herz gesandt hat. Diese Liebe kann uns niemand nehmen. Sie kann auch durch enttäuschende und verletzende Erfahrungen menschlicher Liebe nicht zerstört werden. Denn sie ist letztlich göttliche Liebe, eine Liebe, die uns in das mystische Einswerden mit Gott führen möchte.

Das Hohelied der Liebe und die Psychologie

Im letzten Jahr wurde ich zu einem Therapeutenkongress eingeladen, um dort einen Vortrag über die Liebe zu halten. Der Kongress stand unter dem Motto „Liebe heilt – Liebe macht krank". Wenn wir von der Psychologie her auf das 13. Kapitel im Ersten Korintherbrief schauen, so sollen wir immer an diese innere Spannung denken, die in der Liebe liegt. Der psychologische Blick bewahrt uns davor, zu romantisch oder idealistisch von der Liebe zu sprechen. Die Liebe hat die verzaubernde und verwandelnde Kraft, von der Paulus spricht. Sie zeigt sich bei uns aber oft genug auch als eine Kraft, die uns krank macht, die uns blind macht gegenüber unserer eigenen Wirklichkeit. Nicht nur der Mangel an Liebe macht uns krank, sondern auch ein Zuviel an Liebe kann uns schaden.

Krankmachende Formen von Liebe

Die Psychologie weiß um die heilende Kraft der Liebe, aber auch um Formen der Liebe, die krank machen. Das Kind bedarf der Liebe der Mutter und des Vaters, um gesund heranzuwachsen und um später selbst liebesfähig zu werden. Es empfängt die Liebe der Eltern. Aber schon da gibt es eine Differenz zwischen der Liebe, die das Kind empfängt, und der, die es erwartet. Wir haben in uns ein unendliches Bedürfnis danach, geliebt zu werden. Und oft sind wir nicht ganz zufrieden mit der Liebe, die uns die Eltern geschenkt haben. Sie haben gegeben, was sie konnten. Aber sie konnten nicht geben, was wir erwartet haben.

Und oft genug ist die Liebe der Eltern vermischt mit anderen Motiven. Sie lieben die Kinder, um durch ihre Liebe den Mangel an Liebe auszugleichen, den sie selbst als Kind erlebt haben. Dann ist ihre Liebe aber nicht uneigennützig. Sie hat Nebenabsichten. Oft wollen die Eltern dann das Kind an sich binden. Oder es entsteht eine symbiotische Liebe. Mutter und Tochter, Mutter und Sohn, Vater und Tochter oder Vater und Sohn wachsen in der Liebe zusammen. Das hindert den Sohn oder die Tochter oft daran, den eigenen Weg zu gehen. Sie haben eine Liebe erfahren, die sie zu sehr bindet und selbst liebesunfähig macht. Es fällt ihnen schwer, das Wort Jesu zu erfüllen, Vater und Mutter zu verlassen, um der Frau oder dem Mann anzuhängen und mit ihm ein Fleisch zu werden. Ihre Fähigkeit zu lieben ist zu sehr beeinträchtigt durch die Symbiose mit ihren Eltern.

Die Liebe macht krank, wenn sie aus einer zu großen Bedürftigkeit heraus entspringt. Ich erlebe immer wieder Menschen, die so bedürftig nach Liebe sind, dass sie blind sind für die echte Liebe. Sobald sich ihnen jemand zuwendet, hängen sie sich an ihn. Sie greifen nach jedem Strohhalm. Oft genug verwechseln sie dann die Liebe mit dem Zusammensein. Weil sie Angst haben, allein zu sein, lieben sie jeden, der ihnen freundlich begegnet. Und sie merken dann gar nicht, wie sie ausgenutzt werden. Sie jammern dann darüber, dass sie kein Glück mit der Liebe haben. Jede Beziehung geht wieder auseinander. Aber sie spüren gar nicht, dass das nicht nur die Schuld des anderen ist, der sie zu wenig liebt, sondern ihre eigene Blindheit. Sie klammern sich so stark an den anderen, dass es für ihn irgendwann zu eng wird und er ausbricht aus dieser Umklammerung. Sie verzehren sich vor Sehnsucht nach einem Menschen, der sie bedingungslos liebt. Und sie erfahren immer nur brüchige und begrenzte Liebe. Sie überfordern jeden anderen, der sie liebt, weil sie von ihm die Heilung ihrer Bedürftigkeit erwarten. Doch wenn die Bedürftigkeit zu groß ist, bekommt jeder irgendwann Angst vor diesem unersättlichen Loch, das durch keine Liebe ausgefüllt werden kann.

Menschen, die zu viel von der Liebe des anderen erwarten, sind oft unfähig, sich selbst zu lieben. Sie können es bei sich selbst nicht aushalten. Sie erleben sich selbst nur, wenn jemand anders sie liebt. Damit aber überfordern sie die Liebe des anderen. Oft genug entsteht dann ein Teufelskreis: Weil ich nicht genug geliebt worden bin, vermag ich mich selbst nicht zu lieben. Und so erwarte ich zu viel von der Liebe des anderen und zerstöre sie dadurch. Doch irgendwann muss ich aus diesem Teufelskreis ausbrechen, indem ich den Mangel an Liebe schmerzlich betrauere. Dann komme ich durch das Betrauern in Berührung mit der Liebe, die in mir ist. Und ich muss mich dafür entscheiden, mich selbst zu bejahen und mich selbst in meiner Armseligkeit zu lieben. Die gesunde Selbstliebe gibt auch meiner Sehnsucht nach Liebe das richtige Maß.

Die heilende Kraft der Liebe

Dass die Liebe heilt und krank macht, gilt nicht nur für die Liebe zwischen Mann und Frau und für die Liebe zwischen Freunden und Freundinnen, sondern auch für die Liebe, mit der ein Therapeut, eine Seelsorgerin, ein Arzt dem Klienten begegnet. Die Liebe vermag zu heilen. Über allen Methoden, die zur Heilung beitragen, steht die Liebe. Entscheidend ist, dass der Therapeut, die Therapeutin dem Klienten mit Liebe und Wohlwollen begegnen. Wir sprechen heute lieber von Empathie, von der Bereitschaft, sich in den anderen einzufühlen und mit ihm zu fühlen.

Aber wir müssen bei aller Empathie wissen, dass unsere Liebe auch ihre Grenzen hat. Allein Gottes Liebe ist unbegrenzt. Daher dürfen wir uns Seelsorger und Therapeuten auch nicht überfordern. Wir dürfen nicht meinen, nur an unserer Liebe würde es hängen, dass der andere geheilt würde. Es braucht auch die Resonanz im anderen. Und es gehört zur therapeutischen Demut, anzuerkennen, dass wir nicht unbegrenzt zu lieben vermögen wie Gott, sondern immer nur mit dem Maß, das uns zugemessen ist. Und das reicht für manche, die maßlos bedürftig sind, einfach nicht aus. Das sich einzugestehen tut weh. Aber es ist auch entlastend, damit wir nicht mit schlechtem Gewissen dastehen, wenn eine Heilung nicht gelingt.

Dass die Liebe zu verwandeln vermag, davon sprechen schon die Märchen. Da wird ein Mensch, der in Stein verwandelt worden ist, durch die Liebe eines anderen wieder lebendig. Im Märchen „Die sechs Schwäne" webt die Schwester für ihre sechs Brüder, die eine Hexe in Schwäne verwandelt hat, schweigend und voller Liebe Hemden. Als sie wegen ihrer Stummheit auf den Scheiterhaufen kommt, fliegen die sechs Schwäne über sie. Sie wirft ihnen ihre von Liebe durchdrungenen Hemden über und sie werden wieder in Menschen verwandelt, die gemeinsam den Sieg der Liebe über alle Bosheit feiern.

Dostojewski hat in seinem Roman „Schuld und Sühne" wunderbar beschrieben, wie Sonja den Mörder Raskolnikow durch ihre Liebe verwandelt. Dostojewski hat die Geschichte von der Auferstehung des Lazarus seinem Roman vorangestellt. Sonja bewirkt durch ihre Liebe, dass der Mörder, der sich hinter dem Stein seiner Ideologie und seines Hasses vergraben hatte, wieder zum Leben kommt. Jeder von uns hat schon erfahren, wie die Liebe eines anderen Menschen das Erstarrte und Tote in uns zum Leben weckt. Wenn ein unschuldiges Kind wie Sonja einen alten verhärmten Mann anlächelt, dann kann er kaum anders als zurückzulächeln. Die klare und unschuldige Liebe eines Kindes ruft auch in ihm Liebe hervor. Aber dass Sonja nicht zurückschreckte vor der übergroßen Bedürftigkeit des Mörders Raskolnikow, zeigt, dass ihre Liebe noch eine andere Grundlage hatte. Sie liest ihrem Gefährten das Evangelium von der Auferstehung des Lazarus vor. Sie hat selbst teil an der Liebe Jesu Christi, der die Toten mit seiner Liebe auferweckt, der eine Liebe ausstrahlt, die durch den Stein und das versteinerte Herz hindurchdringt und die Liebe hervorlockt, die dahinter verborgen schlummert.

In jedem Menschen steckt die Sehnsucht, zu lieben und geliebt zu werden. Der Mensch wird erst zum Menschen, wenn er Liebe erfährt und Liebe zu geben vermag. Zugleich erfahren viele Menschen, dass sie zu wenig geliebt worden sind. Sie werden krank aus Mangel an Liebe. Weil sie als Kind nicht um ihrer selbst willen geliebt worden sind, weil sie benutzt worden sind für die Bedürfnisse der Eltern, leiden sie als Erwachsene an ihren Vater- und Mutterwunden. Sie brauchen die Erfahrung der elterlichen Liebe, um gesund zu werden. Die Eltern selbst können ihnen diese Liebe oft nicht mehr schenken. Da ist der Seelsorger oder die Therapeutin gefragt. Sie leisten die „Nachbeelterung". Sie schenken dem, der durch Mangel an Liebe krank geworden ist, die heilende Liebe.

Die heilende Kraft der spirituellen Liebe

Doch ist der Mangel an Liebe nur durch menschliche Liebe heilbar? Haben dann die, die keinen liebenden Menschen finden, keine Chance auf Heilung? Die Heilung durch die Liebe eines anderen ist der normale Weg. Aber es gibt auch den spirituellen Weg. Es gibt spirituelle Erfahrungen, in denen wir uns auf einmal eins fühlen mit uns selbst. Dann fühlen wir uns von Liebe durchdrungen und von Liebe umgeben. Diese spirituelle Erfahrung der Liebe Gottes vermag unsere tiefsten Wunden zu heilen. Allerdings bedarf es auch hier der Demut. Wir fühlen uns in Gott eins mit uns selbst. Aber wir können diese Erfahrung nicht festhalten. Im nächsten Augenblick spüren wir wieder unsere innere Zerrissenheit, unsere Einsamkeit, unser Nichtgeliebtsein. Dann gilt es, das anzuschauen und den Schmerz darüber zuzulassen, ihn gleichsam zu betrauern.

In der geistlichen Begleitung begegnen mir immer wieder Menschen, die ihren Mangel an Liebe nicht anschauen und betrauern. Sie flüchten dann in die Spiritualität oder in die göttliche Liebe. Ich habe einen Mann begleitet, der sein Defizit an mütterlicher Liebe nicht betrauert hat. Er erzählte von außergewöhnlichen spirituellen Erfahrungen. Aber er stieß damit die Leute nur ab. Weil er sich nicht eingestand, dass er eigentlich geliebt werden möchte, wollte er bewundert werden. Doch seine Spiritualität heilte die Wunde nicht wirklich. Erst wenn ich mir die Wunde eingestehe und sie betrauere, vermag sie sich zu wandeln. Und ich werde durch die Wunde hindurch in den Grund gelangen, in dem ich Gottes Liebe erahnen kann, in dem ich auf neue Weise eins werde mit mir selbst und mit Gott.

Ein anderer Weg, die Defizite an Liebe mit spirituellen Erfahrungen auszugleichen, ist das, was die Amerikaner „spiritual bypassing – spirituelle Abkürzung“ nennen. Manche stellen sich nicht ihrem Mangel an Liebe oder ihrer Unfähigkeit zu lieben und überhöhen sie sofort mit spirituellen Erfahrungen. Sie bringen nicht die Demut auf, ihren Mangel anzuschauen, sondern verschlingen lieber die Bücher von Mystikern. Diese können durchaus helfen, mit dem Mangel an Liebe umzugehen und den Weg zu Gott zu suchen. Doch die Gefahr besteht, dass ich meine Wunde oder Unfähigkeit zu lieben nicht wahrnehme oder mir eingestehe, sondern glaube, die mystische Erfahrung würde alle meine Probleme heilen. Ein Psychologe erzählte mir, dass manche Klienten, die allzu sehr von Einheitsmystik schwärmen, damit nur ihre Beziehungsunfähigkeit religiös überhöhen. Sie betrauern ihre Unfähigkeit zur Beziehung nicht, sondern fliehen in etwas Höheres, um sich so über andere zu stellen. Aber das ist nicht die Erfahrung der göttlichen Liebe, die verwandelt. Diese scheinbar mystische Erfahrung führt nur in eine Scheinwelt, aus der ich dann irgendwann völlig verzweifelt erwache.

Auf der anderen Seite erlebe ich in der Begleitung Menschen, die nur immer über den Mangel an Liebe klagen. Sie sehnen sich nach einem Menschen, mit dem sie reden können, der sie in den Arm nimmt und sie liebt. Doch ich kann ihnen nicht versprechen, dass sie diesen Menschen finden, der ihre Sehnsucht erfüllt. Ich möchte ihnen die Sehnsucht nicht nehmen. Sie dürfen durchaus weiter suchen. Aber zugleich spüre ich bei manchen, dass ich ihnen damit falsche Versprechungen machen würde. Denn sie werden in ihrer Bedürftigkeit wieder auf den Nächsten hereinfallen, der ihnen ein wenig Zuneigung schenkt. Und schon wird das Drama des Ungeliebtseins und des Alleingelassenwerdens von neuem anheben.

Da bleibt nur der Weg, sich seiner eigenen Einsamkeit zu stellen, ihr ins Gesicht zu schauen und durch die Einsamkeit und durch die Bedürftigkeit an die Quelle der Liebe zu gelangen, die im eigenen Herzen strömt. Bei aller Einsamkeit gibt es in uns diese Liebe, an der wir uns wärmen dürfen. Es ist die Liebe als Macht, als Gnadengabe, als göttliche Kraft, von der Paulus spricht. Gerade unsere schmerzlichen Erfahrungen vom Mangel an Liebe wollen uns zu diesem inneren Raum führen, in dem diese göttliche Liebe in uns ist. Und nur wenn wir uns dieser Quelle unendlicher Liebe in uns zuwenden, kann unsere Bedürftigkeit letztlich geheilt werden. Die Bedürftigkeit wird immer wieder in uns aufbrechen, das Alleinsein wird wehtun. Aber der Schmerz vermag uns auch aufzubrechen für unseren eigenen Seelengrund, in dem die göttliche Liebe strömt.

Man spürt es an der Ausstrahlung, ob die spirituelle Erfahrung der Liebe echt ist oder nicht. Wer die spirituelle Erfahrung der Liebe macht, der spricht sehr behutsam und vorsichtig davon. Wer zu euphorisch von der Liebe schwärmt, der sehnt sich zwar nach der Liebe, aber er hat sie meistens nicht wirklich erlebt. Er hat etwas davon gespürt. Aber er flüchtet sich in euphorische Gefühle, um dem Schmerz vor dem Alleinsein aus dem Weg zu gehen. Sein Reden über die Liebe hinterlässt in uns oft einen zwiespältigen Geschmack. Wir möchten ihm gerne wünschen, dass das, was er sagt, wahr sei. Aber zugleich haben wir das Gefühl, dass er sich selbst etwas damit vormacht.

Wer die Liebe in sich erfahren hat, von der Paulus spricht, der strahlt sie aus, aber nicht durch ein freundliches Dauerlächeln, sondern durch ein Strahlen seiner Augen, durch ein Hindurchleuchten eines Lichtes durch das schmerzgeprägte Gesicht. Es ist eine leise Liebe, aber eine, die uns guttut. Wir spüren, dass da ein Mensch ist, der tiefen Schmerz über den Mangel an Liebe erfahren hat, aber durch alle Schmerzen hindurch auch mit der Liebe in sich in Berührung gekommen ist, die stärker ist als alle menschliche Liebe.

Orte für die Erfahrung der Liebe

Wir erfahren die Liebe nicht nur als Liebe zwischen Mann und Frau. Es gibt viele Orte, an denen wir der Liebe begegnen. Für viele ist die Ehe der Ort, an dem sie die Liebe am tiefsten erfahren, für andere die Freundschaft, die Freundschaft unter Frauen oder Männer oder aber die Freundschaft zwischen Mann und Frau. Die Schlager sprechen vor allem vom Verliebtsein, um das Geheimnis der Liebe zu besingen. Aber die Gespräche mit vielen Menschen haben mir auch gezeigt, dass es daneben noch viele Orte gibt, um mit der Liebe in Berührung zu kommen, die auf dem Grund unserer Seele strömt: manche haben mit einer Beziehung zu einer anderen Person gar nichts zu tun. Der eine fühlt diese Liebe in einer Kirche oder in einem Gottesdienst. In den Worten der Lesung, die sie hören, spricht sie auf einmal die Liebe an. Oder sie spüren die Liebe im Singen der alten Kirchenlieder oder im Singen des Chorals. Für den heiligen Augustinus ist das Singen ein wichtiger Ort, an dem wir die Liebe erfahren. Von ihm stammt ja das berühmte Wort: „cantare amantis est – Wer liebt, der singt, oder: Singen ist Sache des Liebenden. Singen vermag nur der Liebende." Umgekehrt könnte man dieses Wort auch so verstehen, dass das Singen die Liebe erzeugt.

Andere erfahren diese Liebe in der Natur. In der Schönheit der Blumen, in der Fülle des Lebens, die im Frühling aufblüht, strömt ihnen eine Liebe entgegen, die sie nicht benennen können. Unser Abt Fidelis erzählte von seinem Besuch in Peru. Die Indios hätten ihn gelehrt, dass die Liebe durch einen Baum zu uns strömt, wenn wir uns nur ganz offen und gegenwärtig in den Schatten eines Baumes stellen. Er war zuerst skeptisch. Doch dann hat er es ausprobiert. Und er meinte, er habe wirklich eine Liebe gespürt, die er nur als göttliche Liebe bezeichnen könne. Eine Frau bestätigte nach einem Vortrag diese Erfahrung. Sie fühle oft in der Natur, dass sie von Liebe umgeben und durchdrungen ist. Gott umarmt uns durch seine Schöpfung. In ihr strömt uns Liebe entgegen. Andere erfahren diese Liebe durch ein Tier, etwa durch ihren Hund oder durch ein Schaf, das sie streicheln. Die Liebe begegnet uns überall. Es braucht nur die Offenheit, sie in uns einzulassen.

Es gibt viele andere Zugänge, um die heilende Kraft der Liebe zu erfahren. Für viele ist es die Musik. Ich höre in der Musik Mozarts einfach die

Liebe heraus, die Mozart zum Klingen brachte. Und da macht es für mich keinen Unterschied, ob ich seine Opern höre oder geistliche Musik oder seine Symphonien oder Konzerte für Violine, Klavier oder Klarinette. Die Arien der Gräfin in „Die Hochzeit des Figaro" bringen eine Liebe zum Ausdruck, die voller Sehnsucht und Spannung ist. Im Hören dieser Arien komme ich in Berührung mit meiner eigenen Sehnsucht nach Liebe und mit all den Gefühlen und Stimmungen, die die Liebe in mir hervorruft. Da scheint etwas durch von einer Liebe, die mehr ist als das Hin- und Hergerissenwerden zwischen zwei Menschen.

Mozart beschwört nicht die heile Liebe, sondern in seiner Musik wird das Geheimnis der Liebe mitten in unserem Verzaubertsein und in unserem Verletztsein durch die Liebe hörbar. Wer daher jammert, er würde keine Liebe in sich spüren, weil der oder jener Mensch ihn nicht mehr liebe, der möge sich eine Oper Mozarts anhören. Dann glaubt er wieder an die Liebe. Ja, dann fühlt er die Liebe in sich. Und diese Liebe, die er in seinem Herzen spürt, kann ihm nicht genommen werden, auch nicht durch die Enttäuschung oder Verweigerung von Liebe. Mozart hat nicht über die Liebe reflektiert. Er hat sie intuitiv erfasst und sie in seiner Musik hörbar gemacht. In den Opernarien geht es um rein menschliche Liebe. Aber sie ist immer schon umfasst von der Macht der Liebe überhaupt, in der menschliche und göttliche Liebe eins ist. Auch in der noch so menschlichsten Liebe klingt etwas vom Geheimnis der göttlichen Liebe durch.

Andere erleben die Liebe in der Kunst. Henry Nouwen erinnert an seinen Landsmann Vincent van Gogh. Er hat in seinem Leben nicht die Liebe einer Frau erfahren dürfen. Aber er hat die Liebe, die er in sich gespürt hat, in seine Bilder hineinfließen lassen. Wenn wir heute vor seinen Bildern sitzen und die Wärme der gelben Sonnenblumen in uns aufnehmen, dann spüren wir die Liebe, die er in diese Bilder hineingelegt hat. Und für manche ist das der Weg, mit der Liebe im eigenen Herzen in Berührung zu kommen. Ein anderer sieht diese Liebe in den Bildern von Fra Angelico. Nicht umsonst wird der Maler als Engel bezeichnet. In seinen Bildern ist etwas so Reines und Klares, etwas so Liebevolles, dass wir die Liebe beim Schauen in uns hineinnehmen können.

Beglückende und verletzende Erfahrungen von Liebe

So beglückend die Liebe sein kann, so verletzend ist sie oft. Da habe ich Liebe zu einem Menschen gespürt und sie auch von ihm erfahren. Aber auf einmal wird die Liebe brüchig. Der andere wendet sich einer jüngeren Frau zu. Und schon fühle ich mich verletzt, benutzt, missbraucht, verraten. Aber selbst diese verletzende Erfahrung kann die Sehnsucht nach Liebe und Geliebtwerden nicht auslöschen. Im Gegenteil: Wir sehnen uns danach umso stärker nach einer tragfähigen Liebe, auf die wir bauen können. Zahlreiche Schlager kreisen um dieses Motiv. Es ist ein uraltes und doch immer neues Thema. Wir sehnen uns nach einer Liebe, die uns für immer erfüllt. Aber offensichtlich verweist die Liebe, die wir mit einem Menschen erfahren, immer über sich hinaus auf eine größere Liebe, auf eine unvergängliche, ewige, letztlich auf eine göttliche Liebe.

Viele denken beim Wort Liebe an das Verliebtsein. Als sie sich in jungen Jahren in eine Frau oder einen Mann verliebten, da schwebten sie wie auf Wolken. Da wurde alles in ihnen lebendig. Sie fühlten sich wie verzaubert. Die Liebe ließ sie immer nur an den geliebten Menschen denken. Seine Nähe war für sie wie ein Lebenselixier. Sie blühten auf. Sie fühlten sich glücklich. Das Verliebtsein steht am Anfang jeder großen Liebe. Doch das Verliebtsein muss sich wandeln in Liebe. Im Verliebtsein sind wir oft – wie es Psychologen ausdrücken – in das eigene Selbstbild verliebt, das wir auf den anderen projizieren. Wir müssen lernen, den anderen so zu sehen, wie er wirklich ist, ohne idealistische Verklärung, und ihn in seinem Sosein und Anderssein zu lieben und zu akzeptieren. Dann wird der andere auch zum Spiegel für uns selbst. Und wir lernen in der Liebe zum anderen langsam auch uns so zu lieben, wie wir sind, und nicht mehr nur das eigene idealisierte Selbstbild.

Häufig verlieben wir uns auch, nachdem wir schon lange verheiratet sind oder uns schon längst für die Ehelosigkeit entschieden haben. Selbst wenn wir glücklich verheiratet sind, treffen wir auf einen Mann oder eine Frau. Wir schauen sie an und spüren: es ist Liebe auf den ersten Blick. Viele geraten dann in Angst, die eigene Ehe zu zerstören. Gegen das Verliebtsein ist kein Kraut gewachsen. Aber es kommt darauf an, dass ich verantwortungsvoll damit umgehe, dass ich die Erfahrung des Verliebtseins mit meinem bisherigen Lebenskonzept in Einklang bringe. Ich kann das Verliebtsein nicht aus mir herausreißen. Dies kann aber auch eine Erinnerung daran sein, die Gefühle und Sehnsüchte meiner Seele, die in meiner Ehe oder in meinem ehelosen

Leben zu kurz gekommen sind, bewusster zu leben und dort einzubringen.

Wenn ich mich in einen Mann oder eine Frau verliebe, erlebe ich mich selbst wieder als liebesfähig. Ich spüre eine tiefe Liebe. Diese Liebe ist in mir. Sie wird zwar vom anderen ausgelöst, aber es ist meine Liebe. Viele machen sich dann vom anderen abhängig und geraten in Turbulenzen mit ihrem bisherigen Lebenskonzept. C. G. Jung meint, Verlieben hätte immer mit Projektion zu tun. Ich verliebe mich in einen Menschen, der etwas lebt, was auch in mir ist, was ich aber bisher zu wenig verwirklicht habe. Daher ist das Verliebtsein immer eine Herausforderung an mich, das bisher Vernachlässigte zu leben. Der andere hat es hervorgelockt. Aber es ist nicht vom anderen abhängig. Wenn ich nur lebendig bin, wenn der geliebte Mensch da ist, werde ich abhängig. Und diese Abhängigkeit ist letztlich gegen meine Würde. Je mehr ich das in mir verwirkliche, was der andere in mir anregt, desto weniger werde ich abhängig. Ich darf den anderen dankbar wahrnehmen. Ich darf mein Verliebtsein spüren, ohne Angst zu haben, dass ich den Menschen, mit dem ich in Liebe verbunden bin, verlassen muss. Verliebtsein ist ein Weg, den Reichtum meiner eigenen Seele nach und nach zu entfalten.

Eine alleinerziehende Mutter von vier Kindern erzählte mir, dass sie in einen Musiker verliebt sei. Doch der verletze sie ständig, weil er noch andere Frauenbeziehungen habe. Er nutze sie aus. Immer wenn er Geld brauche, komme er ganz charmant und verspreche ihr alles. Ihre Freundinnen hatten sie aufgefordert, diesen Mann doch endlich loszulassen, der würde doch ihre Liebe gar nicht verdienen. Sie würde sich mit dieser Liebe nur selbst schaden.

Doch obwohl sie mit dem Verstand einsah, dass die Beziehung zu dem Mann ihr nicht guttat, konnte sie die Liebe aus sich nicht herausreißen. Es ist auch nicht ihre Aufgabe, sie aus sich zu werfen. Vielmehr sollte sie sich fragen, was der andere in ihr anspricht, was sie so fasziniert. Auf meine Frage hin antwortete sie, es sei die Leichtigkeit des Seins. Und wir überlegten gemeinsam, wie sie diese Leichtigkeit des Seins bei sich selbst mehr leben könne. Sie hatte eine Sehnsucht, diese Leichtigkeit zuzulassen. Aber vor lauter Arbeit fand sie keinen Weg. Doch die Erfahrung des Verliebtseins führte sie dazu, dass sie die leichte Seite in sich finden und kultivieren konnte. Und mit der Zeit wurde sie unabhängig von diesem Mann. Es war kein gewaltsames Lösen, sondern ein Weg, auf dem sie sich selbst mit ihren neuen Möglichkeiten erlebte und innerlich reicher wurde. Weil sie nicht mehr so bedürftig war, sondern nun selbst lebte, war sie nicht mehr abhängig.

Die Kunst des Liebens

Kaum ein Buch über die Liebe hat so weite Verbreitung erfahren wie das des Psychoanalytikers Erich Fromm „Die Kunst des Liebens“. Offensichtlich war es ein Bedürfnis vieler Menschen, in ihren positiven und negativen, in ihren verzaubernden und verletzenden Erfahrungen von Liebe die Kunst zu lernen, wirklich lieben zu können. Für Erich Fromm ist es eine Kunst. Die Liebe widerfährt mir nicht einfach. Es liegt auch an mir, wie ich liebe. Und für ihn verlangt die Liebe zum einen die Entfaltung der eigenen Persönlichkeit und zum anderen die Bereitschaft, sich hinzugeben, sich selbst loszulassen und auf den anderen einzulassen. Erich Fromm versteht die Liebe nicht einfach als Widerfahrnis, das an mir geschieht, wenn ich mich in einen Menschen verliebe. Vielmehr ist sie für ihn eine Fähigkeit, die auch die Aktivität des Menschen verlangt.

Er beschreibt die verschiedenen Formen der Liebe und ihre Gefährdung. Er beginnt bei der Nächstenliebe, die letztlich immer allen Menschen gilt, kommt dann zur mütterlichen und väterlichen Liebe und behandelt dann die erotische Liebe. Die erotische Liebe kann auch zu einem Egoismus zu zweit werden, wenn sie nur beim anderen stehen bleibt. Sie wird durch die konkrete Liebe zu einem Menschen, der mich anzieht, immer auch zu einem Grundgefühl der Liebe zu allem, was ist. Er spricht von der Selbstliebe, die auch Sigmund Freud als etwas Negatives gesehen hat. Jesus fordert uns auf zur Selbstliebe, die die Bedingung ist, den anderen wahrhaft zu lieben. Und Fromm spricht auch von der Liebe zu Gott. Da gibt es die infantile Liebe zu Gott, die Gott mit der Mutter oder dem Vater identifiziert. Und es gibt die reife Form der Gottesliebe, wie sie vor allem die Mystik beschrieben hat: ein Einswerden mit dem namenlosen Gott, der in sich Liebe ist.

Erich Fromm weigert sich, billige Ratschläge zu geben, wie die Kunst des Liebens gelingen kann. Jede Kunst will geübt werden. Und jede Kunst braucht vier Voraussetzungen: Disziplin, Konzentration, Geduld und das Überzeugtsein von der Wichtigkeit dieser Kunst. Die Kunst der Liebe gelingt nur, wenn wir den eigenen Narzissmus überwinden und so offen werden für das Geheimnis des anderen. Und Fromm nennt noch eine andere Voraussetzung für die Kunst des Liebens: den Glauben. Damit meint er nicht in erster Linie den Glauben an Gott, sondern den Glauben an das Gute im anderen und den Glauben an sich selbst und an die eigene Fähigkeit zu lieben. An den anderen glauben heißt für ihn, „sich sicher sein, dass der andere in seiner Grundhaltung, im Kern seiner Persönlichkeit, in seiner Liebe zuverlässig und unwandelbar ist“ (Fromm 135). Und ich glaube an die Möglichkeiten, die im anderen liegen und die durch die Liebe geweckt werden können. Dieser Glaube an den anderen braucht zugleich Mut. In uns ist nicht nur die Angst, dass wir nicht geliebt werden, sondern auch die Furcht vor der Liebe: in der Liebe die Kontrolle aufzugeben und sich dem anderen hinzugeben.

> „Lieben heißt, dass wir uns dem anderen ohne Garantie ausliefern, dass wir uns der geliebten Person ganz hingeben in der Hoffnung, dass unsere Liebe auch in ihr Liebe erwecken wird. Liebe ist ein Akt des Glaubens, und wer nur wenig Glauben hat, der hat auch nur wenig Liebe.“ (Fromm 140)

Erich Fromm bestätigt in seiner Entfaltung der Kunst des Liebens die Einsicht des heiligen Paulus, dass Liebe und Glaube zusammengehören, dass die Liebe alles glaubt.

Die Sehnsucht, zu lieben und geliebt zu werden

Für mich ist ein anderer psychologischer Zugang zur Liebe wichtig geworden. Jeder Mensch – so sagen uns einhellig die Philosophen und die Psychologen – sehnt sich danach, zu lieben und geliebt zu werden. Und jeder macht die beglückende und zugleich die enttäuschende Erfahrung von Lieben und Geliebtwerden. Liebe kann den Menschen verzaubern und sie kann ihn verletzen, wenn sie nicht so erwidert wird, wie er es erwartet. Das Ziel unserer Sehnsucht nach Liebe ist nicht, dass einmal jemand kommt, der uns so liebt, dass wir für immer satt sind. Wir werden nie ganz satt werden an menschlicher Liebe. Sowohl die Erfüllung durch die Liebe als auch die Enttäuschung, die wir oft genug erleben, wollen uns aufbrechen für eine Liebe, die größer ist als die zwischenmenschliche Liebe. Das Ziel der erfüllenden und enttäuschenden Erfahrungen mit der Liebe ist, dass wir Liebe werden, dass wir die Liebe als Qualität erfahren, die unser ganzes Dasein prägt, als eine Quelle, die in uns strömt.

Eine Frau erzählte, dass sie bei einem Spaziergang auf einmal das Gefühl hatte, sie sei ganz Liebe. Sie liebte nicht einen bestimmten Menschen, sondern sie war Liebe. Die Liebe in ihr strömte zu allem hin, was sie umgab. Sie erfüllte ihren Leib und ließ sie ihn auf neue Weise spüren. Von ihr strahlte Wohlwollen zu allem aus, zur Natur um sie herum, zu den Menschen, denen die sie begegnete. Sie spürte einen angenehmen Geschmack in sich, den Geschmack der Liebe. Eine andere Frau durfte diese Erfahrung bei der Meditation machen. Sie spürte auf einmal, wie der ganze Raum, in dem sie meditierte, von Liebe erfüllt war. Sie war selbst Liebe und alles um sie herum war Liebe. Das verwandelte ihre Selbstwahrnehmung und die Wahrnehmung der Welt um sie herum.

Wir sagen manchmal von alten Männern und Frauen, dass von ihrem Gesicht Liebe ausgehe. Es ist oft ein Gesicht, das von Schmerz gezeichnet ist. Aber durch alle Falten hindurch strahlt es Liebe aus. Oder aber wir haben das Gefühl, dass von den Händen dieser Alten Liebe ausströmt. Als ich einmal auf dem Berg Athos war, begrüßte mich ein alter Gastpater. Wir konnten uns in keiner Sprache unterhalten. Aber sein Händedruck vermittelte Liebe. Ja, es war die Erfahrung, als ob seine Hände Liebe seien. Er war Liebe geworden. Die Liebe strömte aus allem, was er war. Von einem jüdischen Rabbi wird erzählt, dass man zu ihm nicht ging, um seine Lehre zu hören, sondern nur um zuzusehen, wie er sich die Schuhe schnürte. In der Art und Weise, wie er sich liebevoll die Schuhe schnürte, erkannte man, dass es ein spiritueller Mensch war, dass er ganz und gar Liebe war.

Wer diese Erfahrung macht, dass er Liebe ist, der hat letztlich eine spirituelle Erfahrung gemacht. Wir können diese Erfahrung nicht festhalten. Aber manchmal überkommt sie uns. Dann sind wir innerlich voller Glück. Wir ahnen, was Johannes in seinem ersten Brief sagt: „Gott ist die Liebe, und wer in der Liebe bleibt, bleibt in Gott, und Gott bleibt in ihm.“ (1 Joh 4,16) Wir haben letztlich Gott selbst erfahren, den Urgrund und die Quelle aller Liebe.

Das Ziel aller erfüllenden und verletzenden Erfahrungen von Liebe, aller Verzauberung und aller Enttäuschung durch die Liebe ist, dass wir zu dieser Quelle der Liebe gelangen, die davon unabhängig ist, ob uns gerade jemand liebt oder ob wir in jemanden verliebt sind. Das Wissen darum befreit uns von dem ständigen Jammern, dass wir zu wenig Liebe erfahren haben, dass wir gar nicht richtig zu leben vermögen, weil wir nicht satt geworden sind in unserer Sehnsucht nach Liebe. Die Sehnsucht nach Liebe wird in uns geweckt durch Erfüllung und Enttäuschung. Ich erlebe in der Begleitung viele, die darunter leiden, dass sie zu wenig geliebt worden sind. Ich nehme ihren Schmerz ernst. Aber ich verweise sie auch auf ihre Sehnsucht nach Liebe. Diese Sehnsucht ist in ihnen. Die kann ihnen niemand nehmen. Antoine de Saint-Exupéry sagte einmal: In der Sehnsucht nach Liebe ist schon Liebe. Jeder von uns sehnt sich nach Liebe. Und in dieser Sehnsucht spüren wir schon die Liebe, die Liebe zu einem anderen Menschen, aber auch die Liebe, die wir sind. Manche fühlen sich todunglücklich, weil der, den sie lieben, ihre Liebe nicht erwidert. Auch da verweise ich die Ratsuchenden auf die Sehnsucht nach Liebe, die in ihnen ist und in der schon wirklich Liebe ist. Wenn sie diese Liebe genießen, dann wandelt sich ihr Leben. Dann dürfen sie manchmal diese beglückende Erfahrung machen, dass es letztlich nicht darauf ankommt, ob der oder die mich liebt, sondern dass ich Liebe bin. In der Liebe bin ich in Gott. Da komme ich an die Quelle, die mein Leben befruchtet und heilt.

Eine Frau erzählte mir, dass sie nach dem Tod ihres Mannes Briefe gefunden habe, die auf einen Seitensprung schließen ließen. Es war natürlich eine tiefe Verletzung für diese Frau. Das hätte sie ihrem Mann nie zugetraut. Sie spürte, dass sie nicht einfach bitter werden wollte. Sie wollte nicht die ganze Ehe deshalb in Frage stellen und sich selbst von ihrer Erfahrung der Liebe abschneiden. Im Gespräch wurde ihr klar, dass sie diesen Mann trotzdem geliebt hat. Und durch alle erfüllenden und verletzenden Erfahrungen hindurch ist sie in Berührung gekommen mit der Quelle der Liebe, die in ihr war. Diese Liebe konnte ihr niemand nehmen, auch nicht der Seitensprung ihres Mannes. Es war ihr Weg, an die Liebe als göttliche Kraft in ihrer Seele zu gelangen. Sie hätte sich gerne einen anderen gewünscht. Aber so war es nun. Durch den Schmerz und die Trauer über die Verletzung kam sie schließlich zu einem inneren Frieden. Denn sie spürte, dass diese Liebe ihr gehörte und ihrem Leben einen göttlichen Geschmack verlieh. Statt in der Fantasie immer um diesen Seitensprung ihres verstorbenen Mannes zu kreisen, wandte sie sich, sobald der Gedanke daran in ihr hochkam, ihrem eigenen Seelengrund zu. Das war keine Flucht vor der Enttäuschung, sondern ein Weg der Heilung und Verwandlung. Und darin besteht für mich letztlich die therapeutische Funktion der Liebe, wie sie Paulus uns beschrieben hat.

Alle Erfahrungen von Liebe, auch wenn sie noch so verletzend und enttäuschend sind, wollen uns an diese göttliche Liebe führen, die in uns ist. Sie ist nicht brüchig. Auf sie können wir uns verlassen. Sie ist leider oft kaum spürbar. Aber sowohl durch die verzaubernden Erfahrungen der Liebe zu einem Menschen, für die wir dankbar sind, als auch durch die enttäuschenden Erfahrungen, die uns schmerzen, können wir etwas von dieser Liebe erahnen, die in uns ist und unserem Leben einen göttlichen Geschmack verleiht. Wir brauchen die menschlichen Erfahrungen von Liebe, um die göttliche Liebe zu spüren. Es geht nicht darum, den menschlichen Erfahrungen der Liebe aus dem Weg zu gehen, weil sie zu gefährlich sind, weil sie uns verwunden könnten. Wer die menschliche Dimension der Liebe überspringen möchte, um sich nur in der göttlichen Liebe zu bergen, wird Schiffbruch erleiden. Doch wer durch alle Erfahrungen hindurch nach dem Grund der Liebe Ausschau hält, der in all seiner menschlichen Liebe als ihre Tiefendimension anwesend ist, für den wird die Erfahrung der Liebe immer ein heilender Weg sein und letztlich auch ein mystischer, der ihn immer tiefer in die Erfahrung Gottes führt, in die Erfahrung des Geheimnisses der unaussprechlichen und unbegreiflichen Liebe Gottes.

Das Hohelied der Liebe und die Erfahrungen in der Eheberatung

Zu Beginn habe ich erwähnt, dass ich bei Hochzeiten oft Predigten über das 13. Kapitel des Ersten Korintherbriefs gehört habe, die die Liebe der Ehe in den höchsten Tönen preisen. Oft genug habe ich diese Ansprachen an das Brautpaar als romantisierend erlebt: zu schön, um wahr zu sein. Wenn ich bei Kursen den Teilnehmern Gespräche anbiete, dann sind bei vielen Gesprächen die Probleme der Liebe das Thema. Da gibt es Schwierigkeiten in der Beziehung zur Frau oder zum Mann oder zu den Kindern. Da erleben Männer, dass sie auch mit 65 Jahren noch voller Eifersucht sind. Sie ärgern sich darüber und können sich doch nicht davon befreien. Da erzählt eine Frau, dass sie ihren Mann nicht mehr riechen kann. So viele Verletzungen haben sich angesammelt, dass sie sich immer mehr ihrem Mann gegenüber verschließt. Und schließlich übernimmt sogar ihr Körper die Ablehnung des Mannes, der sic so oft gekränkt hat. Sie kann nicht mehr mit ihm schlafen, weil ihr Körper sich gegen ihn auflehnt.

Ich bin kein ausgebildeter Eheberater. Ich kann nur auf die Erfahrungen zurückgreifen, die ich in Gesprächen über Beziehungsprobleme gemacht habe, und auf die Lektüre von Büchern über Eheberatung. Aus Gesprächen mit Eheberatern weiß ich, dass es nicht einfach ist, mit Paaren zu arbeiten.

Oft wünscht nur der eine Partner die Eheberatung, während der andere meint, es sei doch alles in Ordnung. Der Mann geht nur mit, damit die Frau zufrieden ist. Aber er lässt sich nicht wirklich auf das Gespräch ein. Bei anderen Paaren ist die Situation so verfahren, dass sie kaum vernünftig miteinander reden können. Oder die Verletzungen stecken so tief, dass es ihnen schwerfällt, an die Beteuerung der Liebe zu glauben, die vom Partner kommt.

Eine große Zahl von Männern und Frauen, die an den Kursen teilnehmen, sind geschieden. Sie sprechen vom Scheitern ihrer Ehe. Sie haben versucht, ihre Ehe zu retten. Aber irgendwann ging es nicht mehr. Oder aber sie haben vergeblich gekämpft, weil der Mann oder die Frau einfach ausgezogen ist und sich einer anderen Frau oder einem anderen Mann zugewandt hat. Sie hatten bei ihren Bemühungen keine Chance. Andere erzählen, dass das Scheitern der Ehe sie aus der Bahn geworfen hat. Sie hatten alle Hoffnung auf das Gelingen der Ehe gesetzt und haben alles gegeben, damit sie gelingt. Und trotzdem ist sie auseinandergegangen.

Was soll ich diesen Männern und Frauen, die an der Liebe leiden oder an ihr gescheitert sind, von der Liebe sagen? Ist da eine Meditation über die Worte des Paulus an die Korinther nicht eine Flucht in die Romantik? Oft geht es nicht um die große Liebe, sondern um die eher banal erscheinenden kleinen Dinge des Alltags. Da geht es um die Unfähigkeit, miteinander zu kommunizieren, dem anderen in einer guten Weise zu sagen, was einen stört und was einen an ihm freut. Es geht um sexuelle Probleme, um das Zerrinnen der Gefühle. Vor lauter Arbeit und Sorge um die Kinder kommt die Beziehung zum Partner zu kurz. Die Liebe ist noch irgendwie da. Aber manchmal hat man den Eindruck, sie ist einfach weggeflossen. Vor lauter alltäglicher Reiberei ist sie einem abhandengekommen. Was helfen für diese alltäglichen Erfahrungen die großen Worte des Hoheliedes der Liebe?

Wenn Eheleute mit ihrer Liebe nicht mehr klarkommen, gehen sie zur Eheberatung und setzen alle Hoffnung darein, dass der Eheberater oder die Psychologin ihnen helfen wird, die ursprüngliche Liebe wiederzuentdecken und zu entfachen. Doch häufig gehen sie zu spät zu einer Beratung, so dass das Zerwürfnis nicht mehr zu reparieren ist. Eheberater haben ihr Handwerkszeug gelernt, wie sie mit Eheleuten umgehen, deren Liebe in eine Krise geraten ist. Sie achten darauf, wie diese miteinander sprechen, ob sie nur mit Vorwürfen arbeiten oder ob sie zuhören können und den anderen zu verstehen suchen. Sie machen den Ehepartnern bewusst, wie sie miteinander sprechen. Und sie zeigen ihnen Wege, wie sie besser miteinander kommunizieren können, ohne dem anderen Vorwürfe zu machen oder sein Tun oder seine Worte zu bewerten. Heilsame Formen des Gesprächs zu lernen ist sicher eine große Hilfe, damit Eheleute weiterhin gut miteinander leben können.

Ich habe bisher das 13. Kapitel des Ersten Korintherbriefs als Macht der Liebe beschrieben, die unabhängig von der konkreten Ausfaltung dieser Liebe im Menschen da ist. Doch dieser Text bietet durchaus auch Hilfen für Eheleute, wie sie ihre Liebe zueinander vertiefen und konkret im Alltag leben können. Allerdings müssen wir uns hüten, die Aussagen des heiligen Paulus als zu idealistisch darzustellen. Dann vermitteln wir den Eheleuten nur ein schlechtes Gewissen. Sie haben dann den Eindruck, sie müssten es mit gutem Willen doch schaffen, die Liebe aufrechtzuerhalten. Die Worte der Bibel müssen vielmehr klar und deutlich in den Ehealltag hineinübersetzt werden. Dann werden sie zu einem hilfreichen Weg, wie die Liebe in der Ehe gelingen kann, ohne Schuldgefühle zu erzeugen.

Ich möchte nur ein paar konkrete Schritte aufzeigen, wie die Worte des heiligen Paulus für die Liebe von Eheleuten fruchtbar werden können. Dabei habe ich die Situation des Gesprächs vor Augen. Eheleute kommen einzeln oder gemeinsam zum Gespräch und reden von ihren Beziehungsproblemen. Die Worte des heiligen Paulus sind da kein frommes Pflaster, das ich auf ihre Schwierigkeiten im Miteinander kleben kann. So ein Pflaster würde die Probleme nur zudecken. Sie müssen in aller Demut angeschaut werden. Da hilft mir das Wort: „Die Liebe prahlt nicht." Wer ehrlich über die Liebe zu seinem Partner spricht, dem vergeht das Prahlen. Er muss die Liebe auch nicht idealisieren. Er darf nüchtern reden über das Geschenk der Liebe, das die beiden immer wieder erfahren, aber auch über den mühsamen Weg, diese Liebe im Alltag durchzuhalten und immer wieder wach zu halten. Nur wenn ich meine Liebe ehrlich anschaue, werde ich einen Weg sehen, sie so zu leben, dass sie uns gegenseitig beschenkt.

„Die Liebe prahlt nicht" bedeutet für mich noch etwas anderes. Ich erlebe immer wieder Männer, die eine Frau heiraten, von der sie erwarten, dass sie sie bewundert: Sie rühmen sich ihr gegenüber ihrer Fähigkeiten und Großtaten. Doch sobald die Ehefrau sie kritisiert, sehen sie sich schnell nach einer anderen Partnerin um, die zu ihnen aufschaut und sie bewundert. Es ist ein schmerzlicher Prozess, sich der Frau zu stellen, die einen kritisiert, die die Schattenseiten aufdeckt und einem zeigt, wo man seine Schwächen hat und wo man sich und den anderen etwas vormacht. Aber gerade darum geht es oft in den Gesprächen, dass die Partner lernen, sich auf gleicher Augenhöhe zu begegnen und sich so gegenseitig herauszufordern, anstatt sich zu bewundern.

Der Eheberater Hans Jellouschek meint, heute sei die Ehe vor allem durch neoromantische Vorstellungen gefährdet. Da ist die Vorstellung, dass die Ehe eine Glücksveranstaltung sei, dass man sich in ihr immer glücklich fühlen müsse. Er setzt gegen diese Vorstellung – die dem „Prahlen" entsprechen würde – das Bild der Ehe als Übungsweg. Sie ist ein Übungsweg, auf dem wir lernen, einander anzunehmen, miteinander zu leben und einander zu lieben. Auf diesem Weg werden wir immer wieder auch Glück erfahren. Aber manchmal erleben wir auch das Mühsame auf diesem Weg. Nur wer sich nicht scheut, auch die Mühen auf dem Weg auf sich zu nehmen, wird immer wieder dankbar erleben, wie die Liebe gelingt.

Eine andere neoromantische Vorstellung ist die, dass die Sexualität unsere tiefste Sehnsucht nach Einswerden erfüllt. Jellouschek meint, damit würde die Sexualität überfordert. Auch wenn das sexuelle Einswerden von Mann und Frau uns tief beglückt, stillt es nicht unsere tiefste Sehnsucht, sondern weckt immer neue Sehnsucht. In der Sexualität steckt immer auch ein Transzendenzpotential. Die sexuelle Liebe zwischen Mann und Frau kann nur dann für beide erfüllend gelebt werden, wenn sie offen ist für die Transzendenz, für die Ekstase in Gott hinein. Ehepaare, die die Sexualität vernachlässigen, werden unzufrieden. Aber Ehepaare, die sich auf die Sexualität fixieren, werden ebenfalls enttäuscht. Es braucht eine gute Lebenskultur, die die gelebte Sexualität unterstützt und ihr einen weiteren Rahmen gibt. Und es braucht Kreativität und letztlich die Offenheit für Gott, damit wir die Sexualität nicht überfordern, sondern sie dankbar genießen können.

Wenn Ehepartner über die Schwierigkeiten in ihrem Miteinander sprechen, verweise ich immer auf den langen Atem, von dem der heilige Paulus spricht. Es gibt in der Ehe Phasen, in denen sich die Partner fremd werden. Eine Ehe lebt von einem guten Ausgleich von Nähe und Distanz. Wenn ich Distanz zu meinem Partner oder meiner Partnerin spüre, dann bedeutet das nicht, dass ich die Ehe gleich aufkündige. Vielmehr braucht es da den langen Atem, der dem anderen Raum gibt, sich weiterzuentwickeln. Und ich selbst brauche diesen Raum, etwas für mich zu tun. Wenn die Gespräche miteinander nichts bringen, dann rate ich immer, diese Phase der Ehe dafür zu nutzen, für sich etwas zu tun, die eigene Entwicklung zu fördern. Vielleicht wird dann der Partner wieder auf mich neugierig, wenn ich für mich etwas getan habe, wenn ich mich weiterentwickelt habe. Statt mich an der Enge des anderen zu reiben, soll ich die eigene Weite spüren. Je weiter ich werde, desto weniger stört mich die Enge des anderen. Meine Weite lädt auch den anderen ein, sich langsam zu öffnen. Aber es braucht dabei viel Geduld. Und es braucht die Hoffnung, dass ich auf das hoffe, was ich nicht sehe, dass ich die Hoffnung für den anderen nicht aufgebe, sondern ihm zutraue, dass sich das Gute in ihm entfalten wird.

Mit dem Satz „Die Liebe sucht nicht das Ihre" haben sich viele Eheleute, vor allem viele Frauen, überfordert. Sie haben gemeint, sie dürften nie an sich selbst denken, sie müssten immer nur für den anderen da sein und dafür sorgen, dass es dem anderen gut geht. Doch wenn ich diese Worte des heiligen Paulus einseitig auslege, dann übersehe ich meine eigenen Bedürfnisse. Und irgendwann werden sich die verdrängten Bedürfnisse zu Wort melden. Je mehr sie unterdrückt worden sind, desto lauter melden sie sich. Oft finden wir dann keinen Weg, die Hingabe mit den eigenen Bedürfnissen zu verbinden. Wir lassen dann die Hingabe und leben nur noch die eigenen Bedürfnisse. Ich ziehe mich auf mich selbst zurück und kreise nur noch um mich selbst und um das, was mir guttut. Aber damit schade ich mir selbst. Es kommt darauf an, sich in der Ehe auf die Hingabe einzulassen und zugleich auf die eigene Bedürftigkeit zu achten, Verantwortung für die Familie zu übernehmen, aber auch für mich selbst.

Lorenz Wachinger beschreibt das Hingeben und das Hergeben in einer realistischen Weise, so dass es die Eheleute nicht überfordert, sondern sie befähigt, sich einander anzunehmen. Hingeben heißt für ihn immer auch, dass etwas in mir stirbt, an dem ich mich festklammere:

> „Heimlich und hartnäckig gehätschelte Illusionen über sich selbst und über den Partner sterben, sobald die erste Verliebtheit vergeht; jenes jugendliche Ich, das sich so groß und bewundernswert findet, stirbt nach und nach, macht einem tieferen Ich Platz, das auch das Partner-Ich anerkennt; die Liebe selber, das strahlende Feuer des Anfangs, kann nicht so bleiben, – sie stirbt und wird neu." (Wachinger, Ehe 165)

Es geht nicht darum, sich für andere aufzuopfern. Denn wenn ich mich für den anderen aufopfere, merke ich gar nicht, wie viel Aggression darin versteckt liegt. Irgendwann wird das Aufopfern dann zum Anspruch an den anderen. Er muss es mir lohnen, indem er für mich alles gibt und sich immer um mich kümmert. Hingabe heißt dagegen, die eigenen Vorstellungen von Liebe immer wieder loszulassen und sich auf den anderen einzulassen, so wie er ist.

Eine weitere Hilfe, damit die Liebe gelingt, weist das Wort: „Die Liebe trägt das Böse nicht nach." Häufig scheitern Ehen, weil einer dem anderen die Schuld dafür zuschiebt, dass die Liebe nicht gelingt. Der andere hat keine Zeit. Er hat kein Gespür für meine Bedürfnisse. Er ist kalt und abweisend. Er kümmert sich nicht um mich und meine Gefühle. „Einander beschuldigen, dem anderen die Schuld an Enttäuschungen zuschieben, ist eins der häufigsten ‚Spiele', die verstrittene Ehepartner miteinander treiben." (Wachinger, Ehe 133) Statt dem anderen die Schuld zuzuschieben oder sich selbst für alles schuldig zu fühlen, plädiert Wachinger für einen dritten Weg:

> „Verantwortung dafür, dass ich etwas nicht rückgängig zu Machendes gesagt oder getan, nicht gesagt oder nicht getan habe, dass ich dem Partner oder anderen etwas oder mich selbst schuldig geblieben bin, sehen und tragen lernen. Meine Identität hängt daran, dass ich nicht einfach abschüttle und vergesse, was ich in der Vergangenheit falsch gemacht habe; wenn ich zu mir stehe als zu dem, der ich war, werden andere, wird mein Partner zu mir stehen können als zu dem, der ich jetzt bin und der ich sein möchte und sein kann." (Wachinger, Ehe 133)

Ich erlebe häufig, wie der eine Ehepartner dem anderen die Schuld zuschiebt. Der Mann ist schuld, dass sie einander vorbeileben. Denn er hat keine Zeit. Er kommt müde von der Arbeit und hat dann keine Lust auf ein tieferes Gespräch. So wird nur noch oberflächlich miteinander geredet. Oder die Frau ist schuld, dass die Bedürfnisse des Mannes nach intensiver Beziehung nicht gestillt werden. Sie ist so auf die Kinder fixiert, dass der Mann zu kurz kommt. Noch eindeutiger sind die Schuldzuweisungen, wenn einer der beiden Partner sich verliebt hat.

Eine Frau erzählte mir, sie habe ihrem Mann ehrlich erzählt, dass sie Gefühle für ihren Arzt empfinde, ja dass sie sich verliebt habe. Sie hat das Verliebtsein überhaupt nicht gelebt, sondern nur von ihren Gefühlen gesprochen. Das war für den Mann eine solche Kränkung, dass er sich von der Frau getrennt hat. Und er tat es mit dem Vorwurf, sie sei ja schuld am Zerbrechen der Ehe. Ein Mann erzählte, er habe auf einer Auslandsreise eine Frau getroffen und mit ihr auch eine sexuelle Beziehung gehabt. Aber es sei ihm klar, dass das kein Weg sei. Er wollte es seiner Frau beichten, um sich ihr wieder ehrlich zuwenden zu können. Doch die Frau zwang ihn, dass er sein Leben lang im Büßergewand herumlief. Sie machte es ihm immer wieder zum Vorwurf. Die Beziehung wurde unerträglich. Wenn der Mann irgendetwas sagte, was der Frau nicht passte, reagierte sie mit dem Vorwurf: „Du hast ja gar kein Recht, so zu reden nach dem, was du getan hast." So ein Nachrechnen der Schuld zerstört die Beziehung.

Ich kann nur dann offen über meine Schuld reden, wenn der andere das nicht ausnutzt und mir ständig Schuldgefühle einredet. Denn dann werden die Schuldgefühle zu einem Sumpf, in dem ich stecken bleibe. Ich kann nicht mehr atmen und nicht mehr frei meinen Weg gehen. Es ist wichtig, eine Möglichkeit zu finden, wie wir mit den kleinen Fehlern des Alltags und wie wir mit der Schuld umgehen, wenn wir den anderen tief verletzt haben. Dabei sollen wir diese Fehltritte nicht fromm zudecken oder sie sofort entschuldigen. Das schafft keinen Frieden. Aber ebenso wenig hilft es, uns selbst oder den anderen zu beschuldigen. Der Fehler muss angeschaut werden. Wie ist es dazu gekommen? Die Schuld sollte zur Demut führen.

Keiner von uns kann für sich garantieren. Im Miteinander werden wir immer auch an unsere Grenzen kommen. Wir werden in uns Seiten entdecken, die wir nie in uns vermutet hätten. Das in aller Demut anzuschauen, ohne uns mit Schuldgefühlen zu zerfleischen und ohne den anderen in ein Bußgewand zu stecken, ist ein schmerzlicher Prozess. Aber nur durch den Schmerz hindurch kann Neues wachsen. Wir müssen betrauern, was wir falsch gemacht haben. Nur so wird ein Neuanfang möglich. Wir müssen Abschied nehmen von den Illusionen, die wir uns über uns selbst oder den anderen gemacht haben, und uns und den anderen realistisch, zugleich aber auch mit einem milden und gütigen Blick anschauen. Und wir müssen spüren, wie sehr wir den anderen verletzt haben, den Schmerz des anderen wahrnehmen und würdigen. Nur dann kann sich die Schuld in eine glückliche Schuld wandeln und zu einem neuen Anfang werden.

Das Wort von der Liebe, die alles erträgt, ist oft in einem passiven Sinn ausgelegt worden. Ich muss den anderen eben so annehmen, wie er ist. Ich kann ihn nicht ändern. Ich muss seine Schwächen ertragen. Etwas anderes bleibt mir nicht übrig. Doch ein solch passives Verständnis des Pauluswortes schafft nur Resignation und Depressivität. Die Liebe traut dem anderen immer auch etwas zu. Sie nimmt ihn so an, wie er ist. Aber sie hofft immer auch, dass sich in ihm das Gute entfaltet.

Ich muss im Miteinander der Ehe meine eigenen Gefühle ernst nehmen. Und wenn mich das Verhalten des anderen ärgert, dann hilft es nicht, einfach nur zu sagen: Ich muss ihn halt so ertragen. Ärger und Aggressionen sind immer auch Herausforderung an den anderen. Ich traue ihm zu, dass er manches an sich ändern kann. Ich sage ihm, wie seine Worte auf mich wirken, dass es mich ärgert, wenn er immer zu spät kommt. Die Aggression fordert den anderen heraus, an sich zu arbeiten und sich seiner selbst bewusst zu werden. Vielleicht hat er gar nicht gemerkt, wie seine Worte auf mich wirken. Aggression ist die Kraft, bei mir und beim anderen einen Prozess der Veränderung in Gang zu bringen. Und ohne diese Bereitschaft der ständigen Wandlung kann keine Ehe bestehen.

Doch bei allen Änderungswünschen und Änderungsversuchen bleibt immer noch genug, das getragen und ertragen werden will. Wenn der andere krank wird, dann gilt es, ihn mit seiner Krankheit, mit seiner psychischen Schwäche, mit seiner Depression, mit seiner Angst zu tragen. Aber auch bei psychischen Problemen des Partners oder der Partnerin muss ich immer gut bei mir selbst sehen, wo ich einfach tragen soll oder wo ich den anderen auch herausfordern soll. Wenn er depressiv ist, kann ich ihn zumindest dazu drängen, etwas für sich zu tun, eine Therapie zu beginnen. Ich spreche mit ihm, versuche, mich in ihn hineinzufühlen, ohne zu werten oder zu beurteilen. Aber auch da soll ich meine

Gefühle ernst nehmen. Wenn ich in mir Ärger spüre, dann ist es oft ein Zeichen, dass der andere sehr wohl etwas an sich ändern könnte. Aber er badet sich lieber in seiner Depression. Der Ärger ist dann der Impuls, den anderen herauszufordern, an sich zu arbeiten und sich Hilfe zu suchen. Der Ärger kann natürlich auch ein Zeichen sein, dass ich mich von dem Bild des starken Partners verabschieden muss. Dann ist er eine Herausforderung, an mir und meiner Einstellung zum anderen etwas zu ändern.

Auf jeden Fall kann ich das Wort „Die Liebe erträgt alles“ nicht vorschnell dazu benutzen, alles widerspruchslos hinzunehmen. Ich muss den Punkt entdecken, an dem die ertragende Liebe gefragt ist. Es gibt kein Miteinander, in dem wir nicht vieles tragen müssen, bei uns selbst und beim anderen. Aber dieses Tragen ist dann nicht resignierend, sondern vielmehr eine Quelle von Kraft. Oder das Tragen wird zu einer Säule, die der Ehe Stabilität verleiht, die das Haus der Ehe trägt, damit beide gut darin wohnen können.

Ein Mann erzählte mir, er fühle sich hilflos gegenüber seiner depressiven Frau. Wenn er ihr helfen möchte, stößt sie ihn zurück. Wenn er sich abgrenzt und zurückzieht, macht sie es ihm zum Vorwurf. Sie wirft ihm vor, dass er gesund ist. Er hätte ja gut reden. Er hätte keine Ahnung, wie es ihr in ihrer Depression gehe. Er weiß nicht mehr, was er machen soll. Allein die Tatsache, dass er gesund ist, wird ihm vorgehalten. Man kann die Krankheit auch als Waffe gegen den anderen benutzen. Dann wäre der erste Schritt nicht das Ertragen, sondern das Abgrenzen und der Selbstschutz. Ich muss mich schützen gegen die aggressive Kraft der Krankheit des Partners. Erst dann kommt das Ertragen. Bei allem Selbstschutz wird es trotzdem noch schwer genug sein, den anderen mit seiner Krankheit zu ertragen und sich damit auszusöhnen, dass man eine kranke Partnerin hat, die die eigenen Bedürfnisse nach Nähe nicht erfüllen wird. Aber ich gebe ihrer Krankheit keine Macht. Ich lasse mich von ihr nicht bestimmen. Und ich lasse mich nicht in eine bestimmte Rolle drängen.

Oft erschrecke ich, wie Ehepartner übereinander oder zueinander sprechen. Da klingt aus ihren Worten eine tiefe Verachtung oder Bitterkeit und Resignation. Andere werten mit ihren Worten den anderen ab. Sie beurteilen alles, was der andere tut. Sie lassen es nicht stehen und machen gar nicht den Versuch, es zu verstehen. Die Liebe drückt sich in zärtlichen Berührungen aus. Aber ein wesentlicher Ort, an dem die Liebe zum Ausdruck kommt, ist auch die Sprache. Verliebte erfinden oft eine eigene Sprache der Liebe. Doch die vergeht wieder. Im Alltag einer Ehe wird oft eine andere Sprache gesprochen, manchmal eine oberflächliche oder eine aggressive Sprache. Oft reden die beiden Partner aneinander vorbei. Sie hören gar nicht genau hin, was der andere sagt. Sie hören nur das heraus, was sie ärgert oder verletzt. Sie stecken die Worte des anderen in eine Schublade. Der andere hat gar keine Möglichkeit, sich und seine Gefühle mit Worten auszudrücken. Man reagiert sofort auf dessen Worte, ohne verstehen zu wollen, was er eigentlich sagen möchte.

Eine wichtige Aufgabe für Eheleute besteht daher darin, sich der eigenen Sprache bewusst zu werden. Wo ist meine Sprache bewertend, vorwurfsvoll, verletzend? Wie können wir miteinander sprechen, wie können wir uns auch schwierige Dinge sagen? Wie können wir streiten, ohne dass uns der Streit entzweit? Lorenz Wachinger, der lange Erfahrung in der Eheberatung hat, meint: „In der Art und Weise, wie Menschen, Paare miteinander reden, darin liegt es, ob sie einander näher kommen oder ob sie sich voneinander entfernen.“ (Wachinger, In Konflikten 9) Und er zitiert Sigmund Freud, der von einem Kind erzählt, das sich in der Dunkelheit ängstigte und zur Tante im Nebenzimmer rief: „Tante, sprich doch zu mir, ich fürchte mich. Aber was hast du davon, du siehst mich ja nicht; darauf das Kind: Wenn jemand spricht, wird es heller.“ (Wachinger, In Konflikten 10)

Wenn Ehepaare die Sprache der Liebe sprechen, dann wird es heller in ihrem Leben. Aber diese Sprache will gelernt sein. Sie muss ohne Vorwürfe an den anderen auskommen. Und sie muss aus dem Herzen kommen, das eigene Herz offenbaren und etwas von der Wärme des Herzens mitteilen. Dann wird sie den anderen erreichen. Worte können Liebe vermitteln und vertiefen. Worte können aber auch Liebe zerstören. Worte, die lächerlich machen, die verletzen, die den Körper des anderen verspotten, setzen sich tief in der Seele fest wie ein Angelhaken. Man kann sie kaum herausziehen, ohne die Wunde zu vergrößern. Es braucht Achtsamkeit, um die Worte zu finden, die die Liebe stützen und vertiefen.

Für manche Eheleute, die in einer Krise stecken, sind die Worte von der Liebe, die alles erträgt und allem standhält, eine Hilfe, die Krise zu bewältigen. Sie geben nicht zu schnell auf. Sie haben Hoffnung, dass sie durch den Konflikt gestärkt herausgehen. Ich versuche, die Ratsuchenden immer in diesem Sinn zu unterstützen. Die Krise ist auch eine Chance. Wenn sie da durchkommen, haben sie viel für sich selbst und für den anderen gelernt. Und die Krise fordert uns heraus, genauer hinzusehen, wie ich mich selbst und meine Ehe verstehe. Wer bin ich wirklich? Habe ich nicht ein falsches Bild von mir selbst? Und welches Bild von der Ehe habe ich mir gemacht? Vielleicht will die Krise diese Bilder zerstören, damit ich mich selbst und meine Ehe realistischer sehe. Vielleicht komme ich durch die Krise zum Kern meines wahren Wesens und zum Kern unseres Miteinanders.

Daher rate ich immer, etwas für die Ehe zu investieren, eine Eheberatung aufzusuchen oder eine Paartherapie zu machen, wenn sie allein nicht weiterkommen. Die Ehe ist etwas Kostbares. Wir sollten alle Kraft darein setzen, sie zu bewahren. Nur wenn es wirklich nicht geht, wenn wir selber krank werden und wenn die Last uns zu erdrücken droht, dann sollten wir an eine Trennung denken. Aber auch da wäre es gut, erst einmal eine Trennung auf Zeit zu probieren. Manchmal braucht jeder mehr Raum für sich, um klarer zu sehen. Wenn man sich ständig in Streitereien verhakt, dann hilft eine Trennung, den anderen aus der Distanz heraus wieder wertzuschätzen.

Doch für manche wirken die Worte von der alles tragenden Liebe eher niederdrückend. Sie bekommen Schuldgefühle, dass ihre Ehe in die Krise geraten ist. Sie haben das Gefühl, dass sie auf keinen Fall aufgeben dürfen. Sie müssen alles tragen, ganz gleich, wie verletzend und demütigend der Partner mit ihnen umgeht. Vor allem religiöse Menschen stecken hier oft in der Falle der Schuldgefühle. Dies ist für sie so belastend, dass sie lieber alles mit sich geschehen lassen, als Schuld auf sich zu laden. Doch wenn die eigene Liebe so stark mit Schuldgefühlen belastet ist, wird sie nicht gelingen. Dann wird sie weder die Ehe heilen noch mich selbst. Sie wird eher zu einer Last, die mich erdrückt. Dann ist es wichtig, mir einzugestehen, dass ich ein Mensch bin, der nicht alles tragen kann. Ich bin bereit, das zu tragen, was Gott mir auferlegt. Aber Gott will mich nicht überfordern. Wenn ich unter der Last zusammenbreche, ist es sicher nicht mehr Gottes Wille, sondern nur meine Vorstellung von Gottes Willen. Die Worte des heiligen Paulus sind eine Herausforderung an uns, nicht zu schnell aufzugeben. Aber sie sind kein Damoklesschwert, das über uns hängt und uns bedroht. Menschen, die sich durch Schuldgefühle zerfleischen und sich damit oft in eine Sackgasse begeben, gebe ich immer das Wort aus 1 Joh 3,20 zur Meditation auf: „Wenn das Herz uns auch verurteilt – Gott ist größer als unser Herz und er weiß alles."

In Hochzeitspredigten wird oft mit viel Pathos verkündet, dass die Liebe niemals aufhört. Doch die Statistik zeigt, dass das Ideal der Unauflöslichkeit der Ehe immer mehr durchbrochen wird. Und für viele ist die Unauflöslichkeit der Ehe eher eine belastende Forderung, die ihnen Angst macht, weil sie nicht für sich garantieren können. Wie können wir realistisch über die Liebe sprechen, die niemals aufhört? Viele machen die Erfahrung, dass die Liebe versandet oder zerbricht. Die Liebe als Gefühl hört auf. Gefühle schwanken. Die Zusage, dass die Liebe niemals aufhört, kann sich also nicht auf das Gefühl beziehen.

Lorenz Wachinger bezieht diese Zusage auf die Sehnsucht des Menschen nach einer klaren Identität. Letztlich geht es darum, durch alle Erfahrungen der Liebe hindurch zu mir selbst zu finden, in mir selbst Heimat zu finden, bei mir anzukommen. „Die Schicksale der Liebe, auch Trennung und Scheidung, gehören zu diesem Suchen nach Identität. (…) Viele Scheidungen sind nicht einfach Beziehungs-Unfälle und Treubruch, sondern Krisen auf dem Weg zum Menschsein.“ (Wachinger, Ehe 149) In der Liebe zu einem Menschen sehnen wir uns danach, unser wahres Selbst zu finden. Doch oft genug finden wir uns nicht. So trennen wir uns wieder, um in einer anderen Beziehung zu uns zu kommen.

Bei allem Schwanken der Gefühle sehnen wir uns danach, unsere Identität zu finden. Das Bild der Unauflöslichkeit der Ehe möchte uns auf diesem Weg unterstützen. Dabei dürfen wir die Unauflöslichkeit nicht absolut nehmen. Sonst würde sie in uns nur Angst erzeugen und uns überfordern. Aber als Ideal hält sie uns auf dem Weg zu unserer Identität. Wir sind nicht einfach nur schwankenden Gefühlen unterworfen. Wir sind als Person auf Dauer angelegt. Wir sind auf der Suche nach einer Identität, die bleibt, die sogar über den Tod hinaus bleibt. Wir dürfen weder die Zusage des heiligen Paulus, dass die Liebe niemals aufhört, noch das Ideal der Unauflöslichkeit der Ehe einfach mit dem Argument, dass diese heute nicht mehr nachvollziehbar seien, ad acta legen. Wachinger sieht daher im Wort Jesu von der Unauflöslichkeit der Ehe eine Hilfe für unsere Suche nach der eigenen Identität, die den Wechsel der Zeit überdauert:

> „Wenn Jesus den Menschen herausfordert, aus seiner Verfallenheit an die Zeit herauszutreten, die Ehe nicht im Schema der Gebrauchs- und Verschleiß-Zeit zu leben, erinnert er mich an meine Identität; der Glaubende begreift sie als angebotene, geschenkte, von meinem Geschaffensein, von meinem ‚Anfang‘ her, der außerhalb

> der Uhren-Zeit liegt, ebenso wie mein ‚Ende und Ziel'. Von dieser Identität aus die Ehe zu schließen, würde sie aus den Wechselfällen der Zeit herausnehmen, würde sie unauflöslich, würde Vertrauen und Treue, Geduld und Solidarität unwiderruflich machen. Danach sehnen wir uns; es ist, was wir von Kindheit an brauchen, um Mensch und frei zu sein." (Wachinger, Ehe 150)

Unauflöslichkeit kann man nicht mit Geboten schützen. Sie ist eine Herausforderung, die eigene Identität zu entwickeln. Aber nicht immer gelingt es uns, diese Aufgabe auch anzunehmen Damit müssen wir auch leben und dürfen uns dann der Barmherzigkeit Gottes anvertrauen, die uns nicht verurteilt, sondern ermutigt, weiterhin nach unserer Identität zu suchen.

Auch wenn Paulus nicht in erster Linie die Ehe im Blick hat, wenn er die Gabe der Liebe preist, die Gott uns in Jesus Christus geschenkt hat, so könnten seine Worte doch auch eine Herausforderung sein, den gemeinsamen Weg in der Ehe sorgsam zu bedenken und zu gestalten. Diese Verse sind nicht weltfern. Sie müssen nur übersetzt werden in die tatsächliche Situation des Ehepaares. Dann können sie in den verschiedensten Situationen, in denen sich Paare befinden, einen Weg weisen, wie das Miteinander gelingt. Dabei gaukeln uns die Worte des Apostels keine heile Welt vor. Vielmehr beschreiben sie nüchtern einen Weg, wie Ehepaare ihre Liebe konkret leben können.

Es gibt keine gelingende Liebe in der Ehe, ohne dass ich an den anderen glaube und auf ihn und für ihn hoffe. Die Liebe möchte die Ehepartner immer mehr in ihre Wahrheit führen. Sie traut ihnen zu, sich der eigenen Wahrheit zu stellen. Ehe heißt nicht, sich in schöne Gefühle der Liebe zu flüchten. Vielmehr wird der Alltag der Ehe all die eigenen Schattenseiten aufdecken. Ich werde am anderen wie in einem Spiegel meine eigene Bedürftigkeit erkennen: meine Wünsche an die Liebe des anderen und auch meine Defizite an Liebe, die ich in der Kindheit erlebt habe. Das Anschauen der eigenen Wahrheit und der Wahrheit des anderen ist oft ein schmerzlicher Prozess. Aber er vertieft letztlich die Liebe und er lässt uns eine Liebe erfahren, die nicht nur die Wunden aufdeckt, sondern sie auch zu heilen vermag.

Schlusswort

Ich wünsche Ihnen, liebe Leserin, lieber Leser, immer wieder die beglückende Erfahrung, dass in Ihnen eine Quelle der Liebe ist, die nie versiegt, weil sie göttlich ist, und dass Sie immer wieder mit dieser Liebe in Berührung kommen. Ich wünsche Ihnen, dass Sie die Glut der Liebe in sich spüren, die Ihren Leib und Ihre Seele durchdringt, die alles in Ihnen wärmt und auch Ihrer Sprache Wärme verleiht. Und ich wünsche Ihnen, dass Sie nicht nur die Erfahrung der göttlichen Liebe in sich machen, sondern auch das Geschenk menschlicher Liebe erfahren. Denn die Quelle der Liebe in uns wird nur lebendig, wenn sie immer wieder von der Erfahrung menschlicher Liebe zum Sprudeln gebracht wird. Und die Glut der Liebe vermag nur dann alles in uns zu erwärmen, wenn sie durch die Begegnung mit Menschen, die voller Liebe sind, immer wieder entfacht wird.

Wir brauchen immer beides: auf der einen Seite die Erfahrung der menschlichen Liebe, die Lieben und Geliebtwerden umfasst, und auf der anderen Seite das Erkennen einer Liebe, die auf dem Grund aller Erfahrungen von Liebe ist – die göttlichen Liebe, die unser menschliches Lieben trägt. Unsere menschlichen Erfahrungen von Liebe sind immer begrenzt. Wir werden trotz allen psychologischen oder philosophischen Wissens und trotz aller Spiritualität, um die wir uns mühen, immer zugleich die Schönheit und die Brüchigkeit unserer Liebe erfahren. Das soll uns nicht entmutigen: Vielmehr sollen wir in der Erfüllung und Enttäuschung die Liebe als den Urgrund allen Seins erahnen. Dieser Urgrund der Liebe, diese göttliche Liebe ist auch in der brüchigsten menschlichen Liebe noch als Funke vorhanden. Dieses Vertrauen in den Grund der Liebe ermöglicht es uns, offen und ehrlich unsere beglückenden und enttäuschenden Erfahrungen von Liebe anzuschauen. Wir können uns der Wahrheit unserer Liebe stellen, weil wir wissen, dass auch in der gescheiterten Liebe noch ein Funken der göttlichen Liebe steckt und dass wir auch durch das Scheitern hindurch in Berührung kommen können mit der inneren Quelle der Liebe.

Dieses Vertrauen, dass die Macht der göttlichen Liebe in unserer oft so zerbrechlichen Liebe vorhanden ist, kann Eheleuten helfen, sich auf das Abenteuer ihrer gemeinsamen Liebe einzulassen. Sie brauchen keine Angst zu haben, dass ihnen die Liebe einmal zwischen den Fingern zerrinnt oder dass sie ihre Hochgefühle von Liebe nicht immer festhalten können. Sie können sich auf ihre konkrete Liebe mit allen Höhen und Tiefen einlassen, weil sie in all ihren Facetten etwas von diesem göttlichen Funken erkennen. Die Erfüllung und die Enttäuschung ihrer Liebe verweisen sie auf die innere Quelle der Liebe, die ihnen von keinem Menschen, von keinem Scheitern und von keiner Verletzung genommen werden kann.

Die Meditation des Hoheliedes ist aber auch für all die Menschen eine Hilfe, die entweder bewusst ehelos leben oder aber sich irgendwann in ihrem Leben mit ihrer Rolle als Single aussöhnen mussten. Ihnen zeigt Paulus einen Weg, wie sie in ihrer Sehnsucht nach Liebe zu der Liebe gelangen, die auf dem Grund ihrer Seele ist. Niemand ist ohne Liebe. In jedem von uns ist diese Liebe, die unserem Leben Sinn und Erfüllung schenkt. Wir können zu dieser Liebe auf dem Grund unserer Seele auch durch den Mangel an Liebe vordringen. Der Weg zu dieser Liebe in der Tiefe unseres Seins geht über das Betrauern des Defizits an Liebe. Paulus will die Ehelosen nicht auf die Gottesliebe vertrösten. Vielmehr macht jeder die Erfahrung menschlicher Liebe. Sie ist oft nicht so, wie wir sie gerne hätten. Aber auch durch die mangelhafte Erfahrung von Liebe werden wir an die Quelle der göttlichen Liebe erinnert, die in uns strömt.

Die Verse des Hoheliedes, die Paulus uns geschenkt hat, wollen uns immer wieder an den göttlichen Funken der Liebe in uns erinnern und ihn von neuem entfachen. Dann werden wir unsere menschliche Liebe realistisch erleben. Wir werden an der Liebe nicht verzweifeln. Wir werden aber auch nicht das Brüchige daran verdrängen. In aller Erfahrung der Freundesliebe, der ehelichen Liebe, der sexuellen Liebe, der geistigen Liebe werden wir die Liebe berühren, die in Gott gründet und die uns von Gott geschenkt ist als eine Macht, die unserem Leben einen göttlichen Geschmack verleiht. Und wir werden in dieser Liebe den Grund allen Seins erahnen, der alles trägt. Von dieser Liebe, die das Sein durchdringt und so der letzte Grund allen Seins ist, gelten die Worte des heiligen Paulus: „Die Liebe hört niemals auf."

Literatur

Hans Conzelmann
Der erste Brief an die Korinther, Göttingen 1969.

Erich Fromm
Die Kunst des Liebens, Stuttgart 1980.

Albert Görres
Das Böse, Freiburg im Breisgau 1984.

Anselm Grün
Im Haus der Liebe wohnen, Stuttgart 1999.

Johannes Hirschberger
Der platonische Eros, in: Was heißt Liebe? Zur Tradition eines Begriffes, hrsg. von der Rabanus Maurus-Akademie, Frankfurt am Main 1982, S. 30–46.

Hans Jellouschek
Die Kunst als Paar zu leben, Stuttgart 2002.

Othmar Keel
Das Hohelied, Zürich 1986.

Hans-Josef Klauck
1. Korintherbrief, Würzburg 1984.

Günter Krinetzki
Hoheslied, Würzburg 1980.

Pinchas Lapide
Das Hohelied der Liebe, München 1993.

Johannes B. Lotz
Die Liebe als Herausforderung des Menschen, in: Was heißt Liebe? Zur Tradition eines Begriffes, hrsg. von der Rabanus Maurus-Akademie, Frankfurt am Main 1982, S. 9–29.

Gabriel Marcel
Philosophie der Hoffnung, München 1957.

Günter Meckenstock
Liebe. VII. Neuzeit, in: Theologische Realenzyklopädie XXI, S. 156–170.

Karl Rahner
Liebe, in: Sacramentum Mundi. Theologisches Lexikon für die Praxis, hrsg. von K. Rahner u.a., Bd. 3, Freiburg im Breisgau 1969, S. 234–252.

Peter Schellenbaum
Das Nein in der Liebe. Abgrenzung und Hingabe in der erotischen Beziehung, München 2001.

Georg Scherer
Die Liebe im Denken Gabriel Marcels, in: Was heißt Liebe? Zur Tradition eines Begriffes, hrsg. von der Rabanus Maurus-Akademie, Frankfurt am Main 1982, S. 112–133.

Wolfgang Schrage
Der erste Brief an die Korinther, Zürich 1999.

Dorothee Sölle
Atheistisch an Gott glauben, Olten 1968.

Michel Spanneut
Geduld, in: Reallexikon für Antike und Christentum, Bd. 9, Stuttgart 1976.

Lorenz Wachinger
Ehe. Einander lieben – einander lassen, München 1986.

Lorenz Wachinger
In Konflikten nicht verstummen. Wie Paare wieder reden lernen, Düsseldorf 1993.

Viktor Warnach
Liebe, in: Handbuch theologischer Grundbegriffe II, München 1963, S. 54–75.

Bernhard Welte
Dialektik der Liebe, Frankfurt am Main 1973.

Bibelzitate
Einheitsübersetzung der Heiligen Schrift